Cte STANISLAS RZEWUSKI

LE DOUTE

DEUXIÈME ÉDITION

PARIS
PAUL OLLENDORFF, ÉDITEUR
28 *bis*, RUE DE RICHELIEU, 28 *bis*

1891
Tous droits réservés.

LE DOUTE

DU MÊME AUTEUR

Le Comte Witold, drame en trois actes (*Théâtre Libre*).

L'Impératrice Faustine, drame en cinq actes (*Porte-Saint-Martin*).

Alfrédine, roman.

Études littéraires, 1 volume.

En préparation :

Essai de Philosophie Néo-Kantienne.

Trahison, drame en trois actes.

Tous droits de reproduction et de traduction réservés pour tous les pays, y compris la Suède et la Norwège.

S'adresser, pour traiter, à M. Paul Ollendorff, éditeur, 28 *bis*, rue de Richelieu, Paris.

Cᵀᴱ STANISLAS RZEWUSKI

LE DOUTE

DEUXIÈME ÉDITION

PARIS
PAUL OLLENDORFF, ÉDITEUR
28 bis, RUE DE RICHELIEU, 28 bis

1891
Tous droits réservés.

LE DOUTE

PREMIÈRE PARTIE

I

Les conversations se sont tues, hier, au cercle, subitement, quand je suis apparu au seuil du petit salon du fond, où se débitent tous les potins imbéciles que la sottise et la méchanceté des mondains colportent un peu partout, mais qui dans ce milieu de club, où la brutalité des hommes n'est plus contenue par l'espèce de respect involontaire qu'inspirent même ces insupportables petites créatures ignorantes, méchantes et vaniteuses, délicieuses parfois, mais si rarement! qu'on appelle — dans les romans-feuilletons — les femmes du monde. Et ce silence soudain, cette gêne provoquée visiblement par mon entrée inopportune, bien mieux que les quelques paroles parvenues jusqu'à moi, me font comprendre quel sujet égrillard provoquait tout à l'heure l'hilarité bruyante de ces messieurs : on parlait, parbleu! de mes mésaventures conjugales, éternel motif d'ironie et de joie malveillante pour les sots; on parlait, sans doute, de quelque nouvelle aventure ignoble, à laquelle se trouve mêlé le nom de cette femme — mon nom, hélas! puisqu'elle le porte encore. Hier soir, chez les Vaudreuil, on racontait aussi je ne sais quelle histoire de chantage, dont un prince napolitain ou bulgare, quelque rastaquouère titré, vient d'être victime et où se trouvent compromises, paraît-il, deux déclassées, deux demi-mondaines célèbres. Mais hier aussi, dès que je fus présent, on détourna la conversation et je partis sans connaître le fin mot de l'aventure : cela doit être cela, sans aucun doute. Et aussitôt, le trouble profond, l'émotion douloureuse que j'éprouve chaque fois qu'il me faut lutter contre la méchanceté et la brutalité, m'envahit tout entier : je rassemble tout mon courage, je souris — du sourire lamentable de ceux qui veulent cacher leur détresse et qui ne sentent que trop combien elle est visible —, je serre la main aux camarades que je retrouve, tous les mêmes, après un an d'absence et qui d'ailleurs, redevenant immédiatement des Français de bonne compagnie, une fois le premier mouvement de gouaillerie vaincue, m'accueillent avec la cordialité parfaite des indifférents bien élevés.

— Comment allez-vous, mon cher?

— Il y a des siècles qu'on ne vous a vu ! Vous étiez absent? Avez-vous fait un bon voyage?

Je réponds à ces paroles de bienvenue, d'une voix tremblante d'émotion, émotion provoquée par l'attente de l'affront inévitable que m'annonce ma prescience sentimentale de nerveux bien plus que par l'impression pénible que je viens de subir à l'instant même. Et, en effet, le timbre mordant d'une voix ironique et bien connue retentit derrière moi, m'annonçant que mes pressentiments ne me trompèrent pas.

— Comment, ce brave Mora est de retour? Nous parlions de vous justement.

Le grand jeune homme élégant, mince, au sourire énigmatique, perpétuellement figé sur un visage glabre, toujours soigneusement rasé, qui m'interpelle ainsi, est le comte de Sparre, un de ces ennemis dont la haine s'éveille sans raison, ou plutôt par la raison la meilleure de toutes, et qui consiste en une dissemblance absolue de caractère, d'idées et de tempéraments, un de ces mondains, qui souvent fort intelligents, comme l'est celui-là par exemple, n'ont qu'un but dans la vie : faire souffrir ceux qu'ils approchent, et qu'une arme : la méchanceté, mais une méchanceté féroce, dépouillée de tous scrupules, s'exerçant avec l'insolence que donnent la fortune, l'appui d'une haute situation sociale, l'espèce de terreur qu'exerce dans le milieu mondain, somme toute, réservé et doucereux, chaque individualité agressive, homme de sport, d'épée et d'action, haïssant tout ce qui est purement intellectuel : les lettres, les arts, la spéculation, persécuteur acharné et redoutable de toute aspiration vers l'au-delà, le rêve, le scepticisme et l'idéal, vers tout ce qu'il ne comprend pas et traite de singeries dans son matérialisme enfantin d'homme du monde. M. de Sparre m'a toujours détesté : depuis mes débuts, — que de temps passé ! quels lointains souvenirs, — dans l'existence parisienne, où j'ai eu souvent l'occasion de me rencontrer avec lui, sur le terrain neutre du milieu mondain en des clubs élégants, cet homme a toujours essayé de me blesser, de me railler, de me prendre pour victime de ses incessantes plaisanteries ; je m'y suis toujours opposé, assez vertement, mais assez courtoisement, ayant horreur des affaires inutiles : de là, de sa part, une inimitié sourde, mais profonde, qu'il cache à peine et qu'envenime à chaque nouvelle rencontre l'antipathie que doit lui inspirer ma nature indolente, rêveuse et fuyante de Slave, la sensation très nette de notre dissemblance d'âme, de l'abîme qui nous sépare, de tout ce qui fait que nous ne nous comprendrons jamais.

— Vous parliez de moi, mon cher de Sparre? Trop flatté, vraiment : je me croyais oublié. Et que disiez-vous?

Et je le regarde en face, très pâle, m'attendant à recevoir en pleine poitrine le coup que j'appréhende...

— Nous parlions de vos manies, de vos bizarreries. — Ah! vous en aviez de bonnes, autrefois : quel bon type vous faites! Et, vous savez, vous avez beau vous en aller de temps en temps prendre l'air en Russie, le souvenir de vos originalités reste à Paris, celui de quelques-unes du moins! Hé! hé! il y en a que vous ne ferez jamais oublier, vous aurez beau faire.

Il éclate de rire; et sur tous les visages, une seconde, rien qu'une seconde, rapide comme un éclair, reparaît le sourire triomphant et féroce de tantôt : tous ont compris l'allusion qui ne se trouve pas d'ailleurs dans la plaisanterie assez médiocre et assez brutale de de Sparre, mais qu'expriment le son de sa voix, l'éclair de son regard méchant, l'éclat bruyant de son rire. — J'ai compris, moi aussi, et sans dire un mot, je m'éloigne, frappé au cœur, ne trouvant pas un mot de riposte spirituelle, courbant la tête comme un coupable, démoralisé comme je le suis toujours par toute manifestation gratuite de malveillance et de haine, par toute allusion à ce drame intime qui a brisé ma vie et qui depuis tant d'années est la fable des racontars ineptes de salons, de clubs et d'antichambres, des racontars infâmes qui traînent dans la boue l'honneur, la vie, l'amour, toutes les tendresses, tous les désespoirs, tous les déchirements de ceux dont le malheur a été autrefois un scandale public et auxquels, désormais, leur propre douleur n'appartient plus, car ils sont à la merci du premier venu, car celui qui a joui, ne fût-ce qu'un jour, de cette triste célébrité d'une cause célèbre, d'un scandale retentissant, doit tout supporter — il est seul contre tous, — et la lâcheté de la foule, mille contre un, ne l'épargnera plus. Il faudrait dédaigner ces ineptes méchancetés de gommeux, ne pas daigner en souffrir, se dire : Elles ne doivent pas m'atteindre. — Mais c'est plus fort que moi, j'ai trop souffert, j'ai trop aimé cette femme, tout ce qui éveille en moi le souvenir du passé me bouleverse trop profondément : la moindre allusion me fait agoniser de souffrance.

II

Me voilà absolument bouleversé par l'aventure la plus sotte, la plus insignifiante, mais qui dans l'état d'énervement où je vis depuis quelques années, pour une nature impressionnable et ressentant trop profondément les moindres ennuis, suffit pour empoisonner une journée. Avant-hier, après ma conversation avec de Sparre, je m'étais attardé au cercle, n'osant pas rentrer chez moi, dans ma chambre d'hôtel, vide et désolée, m'ennuyant néanmoins à mourir dans l'atmosphère lourde des mornes salons du club : les heures passèrent, longues, interminables, ne diminuant pas mon malaise ; je n'eus le courage de m'en aller qu'avec les derniers décavés du baccarat, me faisant honte à moi-même, plein du sentiment amer et dégradant de mon inutilité en ce monde, de mon désœuvrement irrémédiable, du long avenir de platitude, d'ennui, de solitude morale qui s'étend devant moi, à perte de vue.

Je n'étais donc pas bien gai en pénétrant dans ma chambre d'auberge, à la clarté blafarde du matin de décembre, qui déjà appelait dans les rues désertes les premiers travailleurs de la journée... balayeurs, marchandes de journaux, petits employés se dépêchant à leur poste et qui jettent sur le monsieur élégant et vanné, rentrant chez lui, évidemment après une nuit blanche, le regard plein d'envie, de haine et de moquerie féroce des gens du peuple, dévisageant un de ceux qui n'ont pas besoin de travailler pour vivre : ils le croient du moins, un des heureux de ce monde. — Ah! les pauvres diables! s'ils savaient la vérité, s'ils étaient à ma place, si leur intelligence étroite pouvait comprendre qu'il y a des souffrances morales mille fois plus atroces que toutes les privations physiques, plus affreuses que l'affreuse lutte pour un morceau de pain. Où est le temps de mon existence de viveur, de mes nuits blanches, passées au jeu, le temps où je croyais au plaisir, au monde, à la vie élégante, à toutes les chimères ineptes, que la vie réduit au néant : comme tout cela est loin! — Et que ne donnerai-je pas cependant pour revivre, ne fût-ce qu'une seule heure, de ce passé disparu, même une de ces heures de déveine si fréquentes dans l'existence des joueurs, et si atroces pourtant, si humiliantes et si exaspérantes à la fois !

Je m'aperçois que Charles, mon valet de chambre, un garçon qui est à mon service depuis dix ans, se tient difficilement sur ses jambes : il est ivremort, péché mignon que je lui connaissais de longue date, mais qui en ces derniers temps a pris des proportions inacceptables. Et voici que, enhardi par mon indulgence dédaigneuse, le drôle se permet toute une série d'observations et de remontrances : vraiment, monsieur mène une vie impossible, monsieur rentre tous les jours à six heures du matin; si cela continue, personne ne voudra rester au service de monsieur, etc... Plusieurs fois, je prie cet homme de se taire, et d'aller cuver son vin ailleurs. Enfin, un mot un peu vif m'échappe, et alors la brute se manifeste pleinement dans ce valet, que de longues années passées au service de gens civilisés avaient rendu semblable à un être humain. Je suis obligé d'entendre toute une série d'injures, d'insultes, de racontars orduriers, où les calomnies imaginées sur les maîtres par la race méprisable de la valetaille, insolente, pourrie de vice et d'ingratitude et ne vivant que de haine pour le bourgeois, toutes les accusations infâmes qui fleurissent dans l'atmosphère embaumée des cuisines et des antichambres, dans la chaleur pestilentielle des eaux de service, me sont jetées au visage. Je reste stupéfait, abasourdi, par cet affront inattendu, et dont on ne peut même pas se venger. — Car, que faire à un laquais ivre? Le rouer de coups, comme dans l'ancien temps? Pour nous, ce serait se salir les mains.

Pendant une minute, peut-être deux, je ne trouve rien à répondre. Enfin, je m'y attendais : le nom de ma femme est vomi par cette bouche puante de faquin, l'épithète de cocu... naturellement, accompagne mon nom!

Et alors une colère épouvantable m'envahit, je cherche ma canne pour la casser sur la face du misérable. Je ne la trouve point, et comprenant bien que j'aurais le dessous dans un pugilat, le cœur battant à me rompre, absolument malade, hors de moi, j'ouvre la porte. Je crie au secours. Scandale, rumeur abominable! Les gens de l'hôtel se précipitent, on flanque M. Charles à la porte. Et cette histoire ridicule, cette sotte querelle avec un laquais ivre a suffi pour me mettre dans l'état d'abattement, que je ne puis parvenir à dissiper. Elle m'a été plus pénible, peut-être, que l'altercation désagréable de la veille, au club. Là-bas comme ici, cependant, c'est en évoquant le souvenir du drame banal qui a brisé ma vie, que mes adversaires — ce mondain correct, ou ce goujat ivre-mort... — ont essayé de me blesser et y sont parvenus ; mais, j'ai beau faire, ce qui m'indigne par dessus tout, c'est l'explosion soudaine des forces brutales, la bête humaine s'affranchissant de toutes les entraves qu'opposent à ses instincts de longs siècles de civilisation, l'œuvre collective de la religion, des institutions sociales, des législations prévoyantes, de l'adoucissement des mœurs, du souci de l'opinion. Rien ne me désespère autant qu'un acte de brutalité, que la force voulant primer le droit... Voilà de bien grands mots pour une petite affaire, me dira-t-on. Mais les faits les plus négligeables en apparence, ne sont-ils pas féconds en conclusions philosophiques, par le symbolisme qu'ils revêtent à nos yeux ? Ainsi, — et quelle amère tristesse dans cette constatation, — si l'on ne peut trouver que perfidie, malveillance, hypocrisie et mensonge dans ce petit monde d'êtres civilisés, qui pensent, qui jouissent et seuls profitent de la vie, comme une colonie d'intrus vainqueurs, campée au milieu des barbares ; dans la foule, dans cette masse obscure que nous ne connaissons point grouillent les mêmes instincts d'égoïsme et de férocité, aussi haïssables pour le penseur impartial, mais plus primitifs dans leur brutalité, plus terribles, plus effrayants encore, prêts à éclater à chaque instant, à inonder le monde par la marée boueuse et sanglante des révolutions.

Certes, je crois m'être délivré entièrement de tout préjugé de caste; il n'y a pour moi aucune différence entre un galant homme d'origine la plus basse et un gentilhomme, fût-il de naissance royale; je sais que c'est encore, parfois, dans la masse, parmi les humbles, que l'on rencontre les âmes les plus résignées, les plus tendres, les cœurs les plus ingénus et les plus fidèles, les dévouements les plus désintéressés — mais la foule brutale et sanguinaire, quoi qu'en disent les doctrinaires radicaux, n'est digne que d'une méprisante pitié — la glorifier dans ses manifestations les plus odieuses, dans ses vengeances, ses lâchetés, ses représailles infâmes, comme le font quelques sectaires, me paraît être un crime.

Je respecte, j'admire, j'aime comme un frère, résigné et meilleur que moi, l'ouvrier, le paysan qui travaille toute sa vie, pour faire vivre les siens, sans un reproche, sans une plainte contre l'injustice du sort et les inégalités fatales des hiérarchies sociales. Je hais profondément la brute à face humaine, toujours prête à se jeter comme une bête de proie sur son semblable, toujours capable de tyranniser chaque créature plus faible, et ne reconnaissant aucune loi morale, aucune supériorité, aucune discipline; l'ignoble plèbe d'où sortent les bourreaux et les malfaiteurs, que toutes les phrases possibles ne parviendront pas à idéaliser, à mes yeux du moins, les valets et les espions, les meneurs de guerres civiles et de révolutions.

Je désespère de la justice et de la vérité, quand je lis les récits effroyables des émeutes et des vindictes populaires, qu'aucune tyrannie n'excuse, de même qu'aucune tyrannie n'est excusable ni sacrée. J'ai envie d'accuser la destinée qui m'a donné une conscience et une âme, lorsque je songe que des millions d'êtres humains — mes frères cependant — vivent en dehors de toute civilisation, de toute culture intellectuelle et morale, de toute religion, quelle qu'elle soit, identiquement semblables au moral à nos aïeux des époques primitives, n'ayant acquis que l'hérédité de l'hypocrisie et de la dissimulation, ne sachant rien de ce qui fait la dignité, la valeur et la joie de la vie : l'art, la science, l'amour, l'idée du devoir et de la solidarité humaine; véritables bêtes fauves qui emploient, dans l'inexorable lutte pour la vie, les mêmes moyens de défense que les animaux de proie : la force physique, ignoble, immonde et toute nue.

Ah! certes, je hais profondément la caste où je suis né, avec ses idées bornées, sa méchanceté mesquine, son égoïsme féroce. Mais enfin, ceux-là sont du moins mes semblables — aussi bien que le plébéien honnête homme d'ailleurs, mais la foule hideuse, qui se met mille contre un, lorsqu'on lui livre une victime; la foule qui, aux jours de révolte, torture lentement pendant des journées entières, des prisonniers sans défense! Comment peut-on l'idéaliser, pourquoi exige-t-on de moi que je lui pardonne ce que je dois condamner et maudire de la part d'un despote couronné, d'une bête brute, régnante, genre Tibère ou Néron? Et à quoi bon tous nos efforts vers la justice et la vérité, vers un état de choses plus équitable et meilleur? A quoi bon l'œuvre grandiose de la science, de l'art, de la philosophie moderne, l'irrésistible évolution vers la lumière et le progrès, indéniable, certaine, si la masse doit croupir éternellement dans les ténèbres de son inconscience et de sa brutalité? Le bonheur, la liberté, la dignité humaine, les joies de la pensée créatrice et de la conscience lucide, ne seront-elles toujours que l'apanage de quelques élus, la fleur périssable et fragile de longs siècles de civilisation, fleurs éphémères, n'ayant aucune racine dans l'âme même de notre race, ne devant pas renaître sous les cieux inconnus de la vie d'outre-tombe : illusion d'un jour, mirage apparu aux yeux d'une race destinée à périr tout entière et dont la faculté extraordinaire de comprendre l'univers et de sentir le mystère de la vie ne fut qu'un accident.

Car, eux, enfin, ces brutes, ils ne comprennent rien.

Jamais une question sur l'origine des choses n'a pu naître dans leur âme obscure. Nos angoisses, nos aspirations, nos espérances leur seront éternellement étrangères, à jamais incompréhensibles; et ils sont la majorité, l'immense multitude : nous ne sommes que l'exception. Ce seraient donc eux qui représenteraient le type réel de la race? Je ne peux pas y croire, ce serait trop affreux.

Mais malgré moi, me calmant peu à peu, après cette ridicule alarme de tantôt, je songe à un lointain souvenir d'enfance. J'avais quinze ans. J'étais religieux et croyant, presque fanatique, lorsqu'eut lieu le procès d'un de nos serviteurs, qui tua à coups de fouet sa femme qu'il avait attachée nue à un arbre et qu'il tortura pendant une nuit entière, car la victime hurla pendant des heures. Des gens, plus tard, l'avouèrent au courant de l'enquête et le corps, qu'on retrouva le lendemain, n'était qu'une plaie sanglante : inoubliable vision qui se grava en traits ineffaçables dans ma mémoire d'enfant. Ce fut ce drame, si fréquent en Russie, qui, le premier, tout d'un coup, me fit douter de l'immortalité de l'âme.

Oui, car si un bourreau a une âme qui ne doit pas mourir, d'essence éternelle et divine, que devient-elle quand la chair est réduite en poussière? Quel nouveau séjour peut l'attendre encore? Un séjour de bonheur et de paix — elle ne le mérite point ! — de douleur et de vengeance : l'existence en est incompatible avec l'idée de Dieu. Le dogme catholique du purgatoire, seul, semble résoudre cette énigme tragique, enfantine aux yeux des badauds et des railleurs faciles, en réalité essentielle entre toutes.

III

Je suis allé, ce matin, chez la baronne Hallenstein, une des rares parentes avec qui je suis resté en de bons rapports, ou plutôt en des rapports quelconques. J'ai toujours considéré les liens de parenté comme la plus révoltante des hypocrisies et le plus odieux des mensonges. Il n'y a, en fait d'affection familiale, que l'amour des parents pour leurs enfants et, parfois, bien rarement, réciproquement. Nous sommes aimés sincèrement, une fois dans notre vie, par notre mère, par l'être humain qui nous donna la vie. Une fois cette affection disparue, il ne faut plus s'attendre qu'à la haine et à la malveillance du prochain, surtout de ceux qu'un soi-disant degré de parenté, plus ou moins éloigné, autorise à jouer, toujours dans un but intéressé, la comédie odieuse de la sollicitude, à s'immiscer dans notre vie privée, à juger et à blâmer nos actes et nos idées, à troubler la quiétude de notre moi, par mille et une impressions pénibles et gratuites, que causent inévitablement l'indiscrétion, la grossièreté, la familiarité de certaines gens.

Oh! l'odieuse race des cousins, des cousines, des tantes, des neveux, des beaux-frères et des belles-sœurs!

Combien je suis fier d'être haï de tous ceux que le sort m'infligea et auxquels, d'ailleurs, je ne pardonnerai jamais le mal qu'ils ont fait à ma mère adorée, à la chère et sainte créature, si douce, si résignée, si exquise, qu'ils ont martyrisée toute sa vie ; elle, dont pas un ne pouvait comprendre l'intelligence hors ligne et l'âme adorable et dont le souvenir vivra éternellement dans mon âme meurtrie, dernière religion qu'aucun doute ne pourra jamais atteindre.

Ce matin, je me suis senti si triste, si abandonné, tellement seul, dans cette charmante ville, où j'ai tant de connaissances et d'amis, et où tant de souvenirs, trop peut-être, s'élèvent à chaque pas devant moi, me parlant du passé si récent, si éloigné pourtant. J'ai éprouvé le besoin ridicule de raconter mes chagrins, l'amertume et le vide de ma vie à quelqu'un qui m'eût connu, non seulement au temps heureux des premières années de mon mariage, mais encore au temps plus éloigné où vivaient mes pauvres chers parents, quelqu'un qui les eût connus et aimés, chez qui je retrouverai, ne fût-ce qu'un pâle reflet de leur chère affection, quelqu'un qui puisse me dire les paroles de tendresse et de consolation dont j'ai besoin, m'octroyer l'illusion d'une affection familiale retrouvée dans mon isolement. Et j'ai tout de suite pensé à la baronne.

Pas méchante femme, assez intelligente, de cette intelligence pratique et toute superficielle des femmes du monde, autrefois extrêmement jolie et ayant conservé d'assez jolis restes de cette beauté légendaire, Mme Ludmile est encore une des mondaines les plus remuantes, les plus agitées, les plus âprement attachées à toutes les vanités de la vie. Toujours gaie et souriante, au courant de tous les potins du high life cosmopolite, en correspondance suivie avec tous ses amis et parents — et Dieu sait si elle en a dans l'aristocratie de tous les pays! ne vivant que de commérages et d'inoffensive médisance, s'intéressant aux affaires d'autrui bien plus qu'aux siennes, fortement compromises cependant par une existence dissipée, dans laquelle son mari, pauvre nullité, gentilhomme campagnard genre sportsman, lui fut un collaborateur dangereux.

Mme Ludmile, malgré tous ses défauts, ne m'est point antipathique. Je sais, du reste, qu'elle a toujours été prévenante et affectueuse pour ma mère : cela suffit.

J'ai, pour cette aimable et insignifiante petite femme, des trésors d'indulgence. Je crois, d'ailleurs, qu'elle aussi ressent pour moi quelque vague sympathie. Qui sait? peut-être cette visite obligatoire, car nos relations sont trop cordiales, pour que je puisse traverser Paris sans lui présenter mes hommages, me sera-t-elle de quelque secours moral, peut-être y trouverai-je quelques minutes d'apaisement et d'oubli, dans la langueur d'une de ces causeries du soir, insignifiantes, gracieusement émues, effaçant en nous jusqu'à la notion des choses tragiques de la vie, flirtages heureusement dépourvus de tout élément sentimental et qui ne peuvent avoir lieu qu'en un décor de luxe, d'insouciance, de parfaite correction aristocratique, comme celui que je trouverai dans l'élégant hôtel de la baronne, rue de Tilsitt.

Pourvu que Mme Ludmile, toujours courant le monde, toujours en visites et en courses, soit chez elle!

Elle n'est pas sortie, par je ne sais

quel bienfaisant hasard — comme je l'apprends plus tard, — à cause d'une atroce migraine qui non seulement la retient, depuis deux jours, couchée sur sa chaise longue, dans son ravissant boudoir, atelier où les mille bibelots, les innombrables merveilles d'art qui s'y entassent, dans un désordre harmonieux apparaissent confusément dans la demi-obscurité — c'est à peine si le jour pénètre par les immenses croisées hermétiquement closes — mais encore l'oblige à condamner sa porte aux nombreux amis qui l'assiègent.

Pour moi, néanmoins, on fait exception. Mais dès les premières paroles échangées entre nous, je comprends qu'il eût mieux valu, peut-être, ne point bénéficier d'une pareille faveur.

L'étrange, l'inexplicable et pénible impression ! et que de fois l'ai-je déjà éprouvée? On retrouve un être qui, autrefois, vous fut cher ou simplement familier. On l'aborde, la joie au cœur, les paroles d'effusion prêtes à jaillir des lèvres, et tout à coup l'on s'aperçoit qu'un abîme vous sépare, qu'une hostilité sourde a remplacé la mutuelle sympathie d'autrefois : quelque chose d'inexplicable, que rien ne justifie, que rien ne motive, qui existe pourtant, a surgi entre vous et celui ou celle qui jadis vous accordait son amitié. Et les confidences se glacent sur vos lèvres et celles que l'on fait malgré soi paraissent inutiles, maladroites : un inexprimable malaise peu à peu envahit tout notre être, l'angoisse, qu'éveille une hostilité qu'on sent autour de soi — la sympathie dans les relations sociales étant nécessaire à notre âme, indispensable comme la lumière et la chaleur aux fleurs et aux plantes.

Dans l'attitude et le langage de ma cousine, rien de changé. Elle me traite toujours en parent, en ami, un peu original, plus jeune qu'elle, n'apparaissant qu'à de trop rares intervalles, mais je ne retrouve plus dans sa conversation, agressive et irritée, son urbanité insouciante d'autrefois, l'amitié qu'elle ne cherchait pas à me dissimuler : au contraire c'est une hostilité sourde, une sècheresse âpre, qui vibre dans cette voix que j'ai connue si douce, si gaie, si bienveillante.

Est-ce parce que je suis venu dans un mauvais jour de spleen et de migraine, est-ce le regret cuisant de la jeunesse disparue à jamais et le désir de se venger sur le premier venu, de l'inévitable abandon qu'entraîne la vieillesse? Mais, dans tout ce que me dit la baronne, je saisis parfaitement, comme dans les railleries du comte de Sparre ou les insultes de mon domestique d'hier, l'intention blessante et méchante.

Pourquoi ne vis-tu pas comme tout le monde, pourquoi n'acceptes-tu pas la vie telle qu'elle est? Pourquoi cette recherche perpétuelle de l'originalité?... Et j'ai beau dire à cette excellente cousine que c'est là le cadet de mes soucis, et que si je lui parais bizarre et ridicule — car c'est là l'acception qu'on donne au mot originalité — c'est bien malgré moi, rien ne peut la persuader.

Pourquoi cette philosophie immorale, révoltante, ce culte exclusif du moi, ce mépris évidemment simulé de l'opinion, des idées admises, de tous les lieux communs du patriotisme, de la morale et de l'esthétique moderne, et, dans cet ordre d'idées, je n'essaie même pas de défendre ma sincérité et mon indépendance, ni même d'exposer les raisons qui m'ont fait admettre ma conception de la vie et de la destinée en préférence d'une autre, ce serait vraiment du temps perdu.

Pourquoi, même en conservant mes manies et mes doctrines absurdes, ne pas essayer, du moins, de recommencer la vie dans des conditions d'honorabilité dignes de mon nom, de ma position sociale?

Si mon premier mariage a si mal réussi, est-ce une raison pour prendre en exécration l'humanité entière, pour vivre presque hors la loi, loin du monde comme il faut, celui où j'étais né, le seul, en somme, où la vie fût possible? Et ce malheureux mariage n'était-il pas, au contraire, une preuve suffisante du danger qu'il y a à s'écarter du droit chemin, à mépriser l'opinion des gens plus âgés que nous et auxquels une longue expérience a appris que c'est folie de lutter avec les préjugés?...

Combien de fois ne m'avait-on pas dit : N'épouse pas cette femme! Belle, assurément, séduisante au possible, mais coquette et frivole et jouissant déjà, du temps où elle était jeune fille, de la plus détestable réputation, comme ses parents d'ailleurs, ces émigrants prétentieux et ruinés, menant la vie, louche et fastueuse au dehors, des déclassés du monde cosmopolite. Et c'est dans ce milieu interlope, qui n'est ni la vraie société ni le demi-monde, dans ce milieu malsain et dépravé, que j'étais allé chercher la compagne de toute ma vie! Quoi d'étonnant si j'avais été récompensé de ma crédulité par le déshonneur et la trahison ?

Mille fois déjà j'ai entendu tous ces

lieux communs, mais Mme Ludmile les débite avec une telle animosité, un ton si déplaisant d'inexplicable et agressive rancune, que je finis par perdre patience et réponds avec quelque impatience aux accusations ineptes, aux griefs saugrenus qu'elle ne cesse d'articuler.

— Si vous le voulez bien, ma chère cousine, dis-je sèchement, parlons d'autre chose. Vraiment, il y a en ce monde des sujets de conversation plus intéressants que mes infortunes conjugales dont les détails ont amusé des milliers de personnes pendant deux ans. Soit ! j'ai été coupable, ridicule, stupide, je j'avoue, c'est entendu ; parlons d'autre chose et surtout ne disons plus de mal d'une femme qui a porté mon nom, qui a suffisamment expié ses fautes, que j'ai chassé, tout en l'aimant encore, vous le savez, et dont le souvenir, le nom seul, par conséquent, suffit à raviver dans mon cœur une blessure à peine cicatrisée.

Et là-dessus, comme tous les gens qui ont voulu se mêler de nos affaires, sans y avoir le moindre droit et qu'on a envoyés promener, la baronne s'offense très sérieusement : elle est furieuse contre moi...

Comment ! c'est ainsi que j'accueille ses conseils, si sincères, si désintéressés et que son affection seule lui dictait ?

Qu'est-ce donc que cette nouvelle génération pleine de mépris pour ceux qui l'ont précédée dans la vie, cette nouvelle génération qui nie toute tradition, toute hiérarchie, celle de l'âge, de la naissance, des droits acquis, etc. ?...

Comment ! je repousse ses reproches avec dédain, elle qui désirait si vivement me voir heureux, consolé, réconcilié avec le monde, avec l'existence, elle qui hier encore, en parlait avec une de ses meilleures amies, mère d'une exquise créature, ange de pureté et de candeur et qui, celle-là, certes, aurait su facilement effacer du cœur de l'heureux mortel qui l'épousera un jour, les souvenirs les plus honteux, les plus désespérés?

Une proposition de mariage! Une parente pauvre qu'on veut coller au bon jobard que je suis! Une bonne petite intrigue de marieuse, mijotée, combinée à l'avance depuis longtemps, et si grossièrement énoncée!

Non, décidément, cela c'est trop. Je me lève, je prends mon chapeau et je disparais en saluant très respectueusement la baronne et en faisant de grands gestes de terreur.

Nous nous quittons presque brouillés.

Cette excellente cousine ne me pardonnera jamais d'avoir deviné son truc de charmante entremetteuse mondaine pour mariages légitimes; elle ne me pardonnera surtout pas d'avoir osé répondre avec quelque ironie à ses excellents conseils.

Défendre sa liberté, son indépendance morale aux yeux des sots et des fâcheux est un véritable crime. N'est-ce point cependant un devoir, et le plus important de tous, celui auquel doit songer avant tout l'homme libre et civilisé?

. . . .

Ainsi, en une seule journée, la méchanceté humaine m'est apparue sous ses formes multiples : haine aveugle des inférieurs et des déshérités, de la foule envieuse et obscure, haine mesquine, malveillance gratuite des riches, des heureux — ou soi-disant tels — des oisifs, haine hypocrite et doucereuse des parents, des faux amis, des conseillers perfides.

En un jour, le monde, le peuple, la famille m'ont révélé le néant du secours moral qu'ils peuvent octroyer. Ce secours est nul, purement illusoire, disons même le mot : pernicieux et néfaste. Oui, car tous, en croyant me venir en aide, ne savent que froisser les susceptibilités les plus légitimes de ma conscience, ses droits les plus imprescriptibles. Ils n'ont tous qu'un désir : abaisser toutes les âmes à leur niveau de médiocrité intellectuelle et morale, étouffer dans celles qui sont encore capables d'une vie intérieure jusqu'à la notion du moi, reflet et principe vital de toutes choses. Et le développement, l'extension de la personnalité humaine n'étant contenus que dans le principe éternel et divin de l'amour triomphant et vainqueur, car les sots seuls s'imaginent que le subjectivisme métaphysique n'est qu'un égoïsme vulgaire, lorsqu'il est, au contraire, la plus large, la plus humaine, la plus clémente des philosophies, c'est toujours la faculté altruiste d'amour, de dévouement et de bonté que le monde combat et attaque en nous. D'ailleurs, comment le monde, qui ne vit que de vanité et de stérile recherche d'un bonheur chimérique, comment et où trouverait-il la force de tout comprendre et de tout pardonner, donc, de tout aimer? Seul le penseur qui sent son isolement dans l'incompréhensible univers, au milieu de la race inconnue des humains, seul le penseur qui a compris la relativité de toutes croyances, car chacune n'est que le reflet d'une âme différente, et dans chaque âme palpite et s'élabore une vision nouvelle de la destinée, et toutes ces visions sont vraies, puisque toutes existent et toutes sont incomplètes, seul le sceptique, résigné à l'ignorance éternelle de son esprit et au néant des aspirations de son âme, est capable d'une bonté réfléchie, durable et certaine. . . . . . .

Ainsi le monde, ne pouvant nous donner que désillusion, amertume et mensonge, n'a même pas le mérite de verser un peu d'oubli dans l'âme fatiguée de ceux qui ont souffert. Il ne peut qu'aviver les anciennes blessures, les envenimer chaque jour davantage. Mieux vaut le fuir, mieux vaut chercher dans les trésors inexplorés de notre être moral, dans ce fonds éternel de vérité et de sagesse que contient toute âme humaine et qui ne s'épanouit que dans le recueillement, la solitude et l'analyse de soi-même, le mot de la redoutable énigme, le mot qui, au milieu des négations sans nombre, que le doute philosophique élève à chaque pas devant nous, enfin exprimera une croyance, le mot de délivrance, le mot qui m'absoudra.

. . . .

Oui, fuir le monde et les hommes, se résigner à une solitude éternelle, malgré la plainte obstinée de notre cœur avide d'affection et d'espérance, ne chercher qu'en soi-même le principe de pardon, de vérité et de justice, le trouver dans une résignation philosophique, dans une acceptation des dissonances dont la vie est faite et le monde rempli et qui doivent cependant se résoudre dans la sphère lointaine de l'Inconnaissable, en une synthèse probable. Certes, voilà la sagesse. Mais, est-ce le bonheur? Et le bonheur, tout est là! Une sagesse qui ne peut le donner usurpe le titre pompeux qu'elle arbore. Il y a dans l'âme humaine une aspiration invincible vers un épanouissement radieux, c'est dans le bonheur, dans la joie, dans la félicité qu'est la vérité, la beauté et l'amour. Mais comment concilier ce bonheur personnel dont rien n'anéantira en nous le besoin et l'espoir avec la loi morale que la conscience révèle et qui lutte avec lui, toujours, éternellement? Inextricable dilemme, énigme tragique que les pauvres divagations, l'assurance méprisable de nos semblables, les solutions enfantines qu'ils en donnent, certes, ne peuvent pas résoudre.

Ah! pitoyable folie de l'orgueil humain! Comment osent-ils dire, ces malheureux atteints du mal bienfaisant de la certitude : Je sais la vérité? N'ont-ils jamais réfléchi que, sans le sujet qui la pense, aucune vérité ne peut exister. Comment osent-ils surtout accuser d'impiété les sceptiques sincères, ceux chez qui le doute n'est pas une attitude? Ceux-là, pourtant, aimèrent et cherchèrent la vérité, puisque les preuves dont la majorité de nos semblables se contentent si bien, ne leur suffisent pas.

IV

Personne ne saura jamais combien je l'ai aimée, tout ce que j'ai souffert, et quel déchirement, quelle détresse, quel désespoir me remplissent le cœur, quand je songe qu'elle est perdue pour moi, perdue pour toujours, et combien la perte de cette créature adorée a bouleversé, empoisonné ma vie. Car, à quoi bon mentir? Pourquoi ne pas être sincère, du moins, dans ces rares moments; où une grande douleur nous impose un examen de conscience loyal et pénétrant?

Malgré tant de hontes, malgré tant de souffrances et d'humiliations, je l'aime encore, autant qu'au jour où, envers et contre tous, je la choisis pour femme. Et je suis si malheureux et si lâche, que je donnerais ma vie, pour obtenir du sort, que ce scandale, qui m'obligea à demander le divorce, n'eût pas eu lieu, pour avoir encore le droit de feindre, comme je l'ai fait longtemps, d'être aveugle et crédule, de ne rien savoir, ne rien comprendre. Méprisé, raillé, bafoué, j'aurais eu, néanmoins, le courage de jouer toute ma vie cette atroce et dégradante comédie, le bonheur de ne pas la perdre, de vivre à ses côtés, de respirer l'air qu'elle respire, de la voir, de la sentir près de moi, même adultère et infâme et appartenant à d'autres, ne m'aurait-il pas récompensé de mon ignominie ? Raisonnement infâme, me dira-t-on, je le sais bien; mais que m'importe?

Mon amour seul existe, le reste n'est que mensonge, puisque cet amour seul me fait ressentir la beauté cruelle, inappréciable pourtant, de la vie.

Et maintenant, toujours comme un gamin niaisement épris, je n'ai plus qu'une pensée : la revoir, à tout prix, fût-ce à celui de toutes les humiliations possibles, probables, certaines.

Dans quel but? Je l'ignore moi-même et ne veux même pas m'adresser cette question. Je ne sais que trop hélas! quelle imprudence, quelle impardonnable folie je vais commettre, et combien désastreux peuvent en être les résultats certains.

Mon amour pour cette femme renaissant de la boue du passé, de nouvelles tortures m'attendent sûrement, et cela sans une lueur d'espoir, sans un éclair de poésie réhabilitant cet accès de renouveau sentimental.

Sentimental?

Est-ce bien le terme qu'il convient d'employer? N'est-ce pas simplement un élan brutal, de pure sensualité, qui m'attire encore une fois, d'un attrait invincible, vers cette créature?

Ah! cette femme! combien je l'ai aimée! Avec quelle ardeur, quel trouble profond, quelle absorption dégradante de tout mon être, en l'idée fixe de la possession charnelle!...

Que puis-je espérer aujourd'hui?

Cette nouvelle rencontre que je cherche, que je provoque, que je désire ardemment, pourra-t-elle me donner d'autres sensations, qu'une détresse plus profonde et plus âcre encore que par le passé? Car le sort nous sépare à jamais, car cette femme est morte pour moi, et rien, pas même ma passion encore vivante et endolorie, ne peut nous réunir. Un abîme de honte, tant de déshonneur, d'infamies, de trahison, nous sépare. Je serais vraiment le dernier des misérables et des lâches, si j'oubliais le passé.

Ah! que de mensonges, de perfidies, de traîtrises infâmes!

— Hélas!

— Moi qui l'ai tant aimée? Oui, certes, je sais tout cela; mais que m'importe! L'amour aveugle, brutal et inepte est plus fort que tout.

Pour la revoir, je suis prêt à toutes les folies, pour la posséder, pour couvrir de baisers ses épaules divines, cette gorge aux blancheurs de marbre, ces petits pieds mignons, son corps nu, adorable, je commettrai, je le sens, un crime, quel qu'il soit, sans remords et sans hésitations, sans scrupules.

Oui, depuis mon arrivée à Paris, moi, qui dédaigne les plaisirs grossiers de l'amour physique, je ne pense qu'aux images lubriques et précises qu'il évoque. Je sens renaître en moi une animalité désapprise, sommeillant néanmoins au fond de mon être, plus forte que ma volonté, que mes résolutions, que mes préoccupations intellectuelles et morales, que tous ces mobiles abstraits, qui, depuis ma jeunesse, ont dominé ma vie, mais qui, fatalement, s'effacent lorsque la tyrannie de la chair nous oppresse, soudain, toute-puissante.

Que devient ma liberté, la force de résistance de mes dédains et de mes croyances, les dégoûts de mon âme, cette âme que si longtemps j'ai crue libre?

L'instinct serait-il plus fort que tout, serait-il vraiment, comme le prétendent les positivistes naïfs et insupportables, le mot de l'énigme, le principe primordial, la vérité essentielle?

Le doute qui a tué, en nos âmes inquiètes, toutes les croyances, tous les espoirs et toutes les certitudes, s'avouerait-il vaincu devant cette tyrannie de la matière inepte?

Tous les souvenirs de mon passé de métaphysicien sincère, des combats intérieurs, douloureux, tragiques, inoubliables, dont mon âme a été le terrain au temps de ma jeunesse, lorsqu'il me semblait que la recherche de la vérité était vraiment le but et la sanction de la vie, tous ces souvenirs se révoltent pourtant à cette hypothèse dégradante.

Non, non, la chose en soi des philosophes, l'étincelle éternelle de vie et de progrès, n'est pas là, dans cette matière périssable et dont la science, en somme, ne fait que systématiser les symboles divers.

Certes, nous subissons son joug : la nier entièrement, ainsi que l'ont fait les grands et sublimes Allemands, dont les théories ne sont que le développement des principes du platonisme, source immortelle de toute spéculation, ne voir en elle qu'une illusion pure, est une chimère, trop noble, trop belle, hélas! Mais cette matière évidemment n'est que la forme passagère que revêtent les vérités éternelles, les êtres immortels et à jamais inconnus, que nous cache le voile de Maya des Hindous, le mystérieux univers.

Son joug, dans cette existence éphémère, nous opprime sans doute, mais la délivrance est proche : l'esclavage de cette vie ne peut durer au delà du tombeau, même si cet avenir incertain n'est que le néant, ce qui reste à prouver.

Les révoltes sublimes de la conscience, du repentir et du désenchantement inévitable au bout de toute vie humaine, nous révèlent notre avenir éternel, l'inviolable liberté de l'âme, de ce moi inconnu, changeant dans son exil terrestre, mais qui tôt ou tard est destiné à vaincre, car lui seul est la réalité.

Le monde des sens n'est qu'un rêve mauvais.

Se délivrer de son obsession, voilà la seule sagesse.

Une fois ma passion assouvie, si je pouvais posséder une dernière fois cette femme adorée, en qui palpite tout le charme haïssable du monde matériel, comme je sens, dès à présent, que ma liberté, mon indépendance, ma dignité renaîtraient aussitôt, comme ce déchaînement des sens ignobles serait vite oublié !

Mais, pour l'instant, tout ce qui fut le tourment et la consolation de mon passé, ma recherche inconsciente de l'absolu, mes aspirations vers la justice et la vérité, mon scepticisme voulu et cependant involontaire, le doute qui ronge mon existence dévoyée et l'ennoblit pourtant, le doute a disparu. Le suprême mystère me serait révélé, tous les problèmes, sur lesquels j'ai médité si longtemps, apparaîtraient à mes yeux, dans la clarté radieuse des vérités découvertes, que je ne trouverais dans cette victoire suprême ni consolation ni oubli : l'amour de cette femme est, pour l'instant, le seul but de ma vie.

Si je suis revenu dans cette ville, c'est uniquement pour attribuer au hasard d'une rencontre la renaissance de cette passion endormie, toujours inapaisée, voilà la vérité.

Cette femme, il me la faut. Je la veux, je l'aurai !

Comme l'idée fixe d'un fou, son image est là, toujours présente à mes yeux, me poursuivant partout.

Ma vie, mon honneur, tous les sacrifices, toutes les hontes pour une nuit d'amour avec cette fille, ma femme, après tout.

Voilà où j'en suis.

Ah ! pauvre fou, que le souvenir d'une drôlesse suffit à assimiler à une brute quelconque, tout supérieurement civilisé que tu crois être !

Ah! éternel supplice de l'amour dans le mépris, éternelle antithèse de la matière et de l'esprit! Qui sait pourtant?

Si la vérité, encore une fois, était dans cette fièvre, dans cette angoisse, dans cet abaissement même?

Mais non, malgré tout, même à l'égard de cet amour que je ne puis vaincre, le doute subsiste, ou plutôt non, il a disparu pour l'instant, mais je sens bien qu'il doit renaître : cela suffit.

Je l'ai revue, hier; et l'émotion douloureuse et profonde que j'éprouve, m'épouvante moi-même.

Je n'en ai donc pas fini avec cet amour néfaste qui a été le malheur et la douleur de ma vie? La fièvre d'autrefois n'est donc pas apaisée, le poison jusqu'à présent circule dans mes veines?

Ah! qu'est-ce donc que cette puissance mystérieuse qui nous attire invinciblement vers un être humain, qui efface à nos yeux le reste de l'univers, qui fait tressaillir si douloureusement notre être tout entier, qui, pour une chimère, pour la possession d'une créature quelconque, que notre affection seule idéalise, nous fait tout braver, tout dédaigner, tout sacrifier : l'honneur, la vie, le bonheur, le plaisir lui-même ? Oui ! car quoi de plus gênant, de plus ennuyeux au fond, de plus inévitablement destiné à troubler notre existence qu'un véritable amour ?

Que de tracas, d'émotions superflues et pénibles, que de transes, d'inquiétudes, de désespoirs inutiles, inévitables pourtant, dans cet état d'âme anormal qui nous fait exagérer, malgré nous, l'importance des faits concrets les plus insignifiants, les plus méprisables en eux-mêmes ?

Pour un penseur quelque peu familiarisé avec les grandes et fécondes théories de la métaphysique moderne, pour un néokantien ou un disciple de Fichte, ou même du subtil ou charmant Barrès, ce Fichte français, ce philosophe ironique et profond et qui n'a qu'un défaut, peut-être, celui de ne point se prendre au sérieux, mais dont la doctrine est l'œuvre la plus haute qu'ait produite jusqu'à présent la nouvelle génération littéraire en France, point de calamité comparable à un grand amour, apparaissant soudain dans notre vie pour la bouleverser, l'empoisonner, car, du moment que notre bonheur dépend des sentiments fragiles, inexplicables et changeants d'une de ces petites créatures, dont le principal but en ce monde, comme l'a dit un génial quoique intolérant moraliste, est de s'habiller tantôt comme des parapluies et tantôt comme des sonnettes, que devient notre liberté, notre œuvre de vie intérieure, la culture de notre moi, l'enrichissement graduel vers lequel il doit tendre, par le moyen d'une série d'émotions savamment graduées, mais dont nous devons être nous-mêmes les initiateurs et, pour ainsi dire, les metteurs en scène? Ne devenons-nous pas les plus infortunés des esclaves? Ne sommes-nous pas privés désormais et radicalement de toutes autres émotions, de toutes autres sensations, de toute possibilité d'assimilation d'une âme différente, du moins pendant le temps que dure l'accès de folie? Car tout grand amour, comme toute annihilation de la personnalité humaine, est évidemment une anomalie, un irréparable malheur, une véritable folie. Et la sagesse antique, qui ne définissait point autrement cette passion, la plus détestable, mais aussi la plus adorable de toutes, n'est-elle point d'accord en ceci, comme en tant d'autres problèmes, avec la justice et la vérité ?

Et cependant, les plus sages, les plus soucieux de leur indépendance perdent toute raison, quand la redoutable déesse les effleure de son regard magique. C'est qu'aucune autre passion ne nous fait pressentir, avec une intensité plus farouche, le souffle de l'absolu. Pas une, dans ses transports, ses douleurs et ses joies, ne nous donne une notion moins vague de ce mystérieux au-delà que les philosophes cherchent si loin, dans les vérités abstraites, et dont le symbole le plus accessible à notre myopie humaine est peut-être encore cet instinct brutal et grossier, où se manifeste sans doute, non seulement le génie de conservation de l'espèce, mais la persistance de la chose en soi, de l'éternel Principe de Vie ; la volonté de vivre, dont tout procède et dont notre petit univers n'est qu'un des innombrables reflets... Oui, qui sait? Si le bonheur était simplement là, dans la fièvre fugitive de l'amour triomphant, de ces joies si profondes mais si âcres suivies de désillusions si cruelles, joies rares et problématiques, je ne l'ignore point, mais dont l'intensité suffit peut-être pour nous dédommager des longues années d'épreuve, de tristesse et d'ennui.

Encore une fois, s'il fallait rechercher le mot de l'énigme non pas dans la philosophie de Faust, mais dans celle du Don Juan symbolique de l'ancienne légende ?

Vraiment, je n'oserais plus la nier, cette hypothèse si banale, si rebattue, et qui hier encore eût été repoussée par moi avec dédain.

Mais c'est que, hier encore, j'étais maître de moi-même : aujourd'hui, comme jadis, je ne m'appartiens plus.

Je l'ai revue hier, de loin, mêlé à la foule, comme un étranger que je suis désormais pour elle.

Elle a conservé son charme un peu austère, sa grâce un peu fière, son admirable beauté, que les amateurs de frimousses parisiennes, de minois chiffonnés et de beautés genre grisettes, n'apprécieront certes pas. Ses traits, d'une régularité un peu dure, se sont cependant détendus en une sorte d'indifférence souriante et hautaine, que je ne lui connaissais point autrefois. La ligne voluptueuse de la bouche, la fixité énigmatique du regard aux reflets d'acier, l'éclat merveilleux du teint, toute son écrasante et radieuse beauté, m'est apparue en un éclair rapide. J'ai reconnu en elle la Lucienne que j'ai tant aimée, et cependant j'ai compris, avec une netteté singulière, combien profonds ont été les altérations et les changements produits en elle par l'inexorable vie, les mille influences d'une destinée nouvelle, et que la créature adorée de jadis, ma Lucienne à moi, était morte à jamais.

Par cette soirée d'avril, où les dernières lueurs du jour agonisant entouraient la grâce fragile, pimpante et artificielle du Bois d'une lumière dorée, où la molle caresse du printemps à peine éclos semblait transfigurer le spectacle banal de l'élégante promenade parisienne, rendez-vous trop officiel de toutes les prétentions, de tout le luxe incomparable de la grande ville — toujours chère à mon cœur, — elle m'est apparue comme une gracieuse et décevante créature symbolisant tout ce que cette existence unique au monde, faite à la fois de goût inné, d'indulgent scepticisme et de féroce envie de jouissance, a de troublant, de dangereux, d'exquis.

Et j'ai senti aussi combien cette vie devenait étrangère à mon âme rajeunie par la souffrance et la perte irréparable de mon dernier amour, à mon cœur altéré de vérité, de méditation et de paix.

J'ai compris aussi de combien de douleurs et d'épreuves me menaçait une renaissance possible des choses d'autrefois.

Lucienne, mollement étendue dans sa victoria, regardait d'un œil indifférent le spectacle bariolé des équipages, descendant au grand trot l'avenue du Bois. Rien, ni dans son attitude ni dans sa toilette d'un goût parfait et sobre, certes, ne trahissait la déclassée qu'elle est aujourd'hui, et cependant dans la familiarité de l'imperceptible salut que lui lancèrent deux ou trois gommeux, perchés sur leurs tilburys et conduisant eux-mêmes, un observateur, quelque peu familiarisé avec les allures de la vie parisienne, eût deviné la vérité.

Je crois avoir éprouvé rarement une commotion plus douloureuse que celle que me causa le premier de ces saluts, le premier du moins que j'aperçus, car ce n'est que presque à la porte du Bois que je reconnus Lucienne.

Hélas ! mon adorée en était donc réduite à cela et elle acceptait sans une révolte, sans un regret du passé, sa honte, s'étalant en plein jour, au milieu de la foule, en vue, au su de toute une ville.

Cependant, je n'ai pas eu le courage de dire au cocher de rebrousser chemin, ne songeant ni au ridicule, ni à l'inutilité de ma conduite ; pendant plus d'une heure je l'ai suivie, le cœur battant d'une incompréhensible émotion, car je ne l'aime plus, je ne puis plus l'aimer : je me fais l'effet d'un gamin amoureux d'une de ces irrégulières qui font le Bois tous les soirs.

Pauvres petits nigauds qui deviendront méchants plus tard ! Trop timides pour aborder leur idole, ils la poursuivent silencieusement et de loin, haïssant d'une haine profonde et stupide tous ceux qui ont le bonheur de la connaître et de la saluer et d'obtenir un sourire. Ceux-ci ont du moins l'excuse de leur naïveté, de leur ignorance, mais moi?...

V

Mon cœur bat à se rompre lorsque je franchis le seuil de cette maison, à l'élégance banale des nouveaux quartiers parisiens, véritable hôtel garni de rastaquouères et de filles où habite Lucienne, car je suis parvenu à trouver son adresse, ce qui n'a pas été difficile d'ailleurs, et je m'aperçois au ton gouailleur dont on me répond, à l'agence où j'ai pris des renseignements, que je ne ne suis pas le premier client venu pour acheter ce renseignement.

Encore une petite humiliation très pénible, elle aussi, car la grossièreté des inférieurs — et comment ne pas reconnaître qu'il y a en ce monde mille inégalités naturelles et sociales ? je ne puis considérer comme mon égal un employé d'agence interlope — la mufflerie des goujats et de la valetaille, bien que ne devant pas m'atteindre, m'est plus pénible que l'insolence et la grossièreté, si odieuse pourtant, des gens de mon bord.

Et aussitôt cette adresse connue, sans réfléchir même au prétexte que j'inventerai pour expliquer ma visite, ayant toutefois assez de sang-froid pour ne pas oublier de renvoyer ma voiture — le cocher bavarderait, cela est inévitable, et demain tout le monde saurait que je suis allé revoir ma femme — je hèle un fiacre, et en route pour les Champs-Élysées !

Pas un instant je ne perds la conviction très nette que je commets une sottise, la prescience des ennuis graves qu'elle me causera sûrement, sorte de divination de l'amour, impuissante d'ailleurs à influencer nos actions et que connaissent toutes les natures nerveuses, qui augmente leur faculté de souffrir par le pressentiment véridique des épreuves prochaines, épreuves dont nous sommes les seuls auteurs, souvent ; mais qu'importe ceci? Et y a-t-il des innocents ou des coupables en ce monde, dans le mécanisme compliqué aux mystérieux et innombrables rouages des événements qui composent la vie? Toute action n'est-elle pas à la fois libre par rapport à la personnalité morale, au moi, libre et spirituel de celui qui la commet, et inévitable par rapport au monde matériel où elle se produit et où ses causes extérieures se rattachent à toute une série de conditions antérieures ?

Ce n'est qu'au moment même de sonner à l'appartement de Lucienne, — comment ai-je eu le courage de demander à un concierge d'une voix qui voulait être indifférente : « Mme Darska, s'il vous plaît ? » car elle a repris, par un reste de pudeur, dont je lui sais gré, son nom de jeune fille, — ce n'est qu'en face de la nécessité immédiate de trouver une explication acceptable de ma démarche inutile, si peu attendue, si peu souhaitée, sans doute, que je me rappelle une question d'intérêt au sujet de la dot que j'avais reconnue à Lucienne en l'épousant et que je n'ai pas voulu reprendre au moment du divorce, question n'ayant aucune espèce d'importance que j'aurais dû, évidemment, faire régler par un homme d'affaires quelconque et dont je comprends si bien l'insuffisance, mais qui, après tout, peut me servir de prétexte.

La femme de chambre, trogne effrontée, véritable suivante de demi-mondaine, me dévisage d'un air méprisant.

— Madame ne reçoit pas.

Le concierge m'a affirmé pourtant que Lucienne est chez elle. Dans la pièce avoisinante, j'entends des chuchotements et des rires étouffés dont le bruit me cause une véritable souffrance physique, oui! un malaise abominable, une détresse de l'âme et du corps m'opprime et m'envahit tout entier : je souffre tant, j'éprouve une telle douleur, un regret si déchirant du passé, une honte si brûlante du présent, que jamais, je le sens bien, je n'aurai le courage de revenir.

Cependant, elle est là, je le sais, j'en suis sûr. Tout mon être frémit à la pensée d'une nouvelle rencontre, nous mettant, après ces deux années d'absence, en face l'un de l'autre.

Ah! la revoir, la revoir! entendre sa voix, contempler son sourire, son regard, une dernière fois, dussé-je plus tard en mourir de honte et de rage, il le faut.

J'insiste, je surmonte ma détresse, je donne ma carte à la soubrette.

Aussitôt, changement absolu dans l'attitude et le ton de cette fille. On me laisse seul un instant dans l'antichambre après quoi on m'introduit, tout à fait brisé par l'émotion, dans un petit salon, faiblement éclairé par une lampe dont l'éclat est tamisé par un de ces énormes abat-jour modernes qu'on rencontre partout.

Je n'ai pas le temps de jeter un coup d'œil sur l'ameublement de cette pièce, où elle vit, où elle respire, où chaque objet a été choisi par elle, ou du moins caressé mille fois par son regard indifférent.

Aurai-je d'ailleurs assez de lucidité en ce moment pour formuler une appréciation quelconque; et que m'importent ces choses inanimées puisque je vais la voir elle-même, vivante et plus belle, plus inaccessible que jamais, hélas! maintenant qu'elle appartient à tous.

La porte s'ouvre, je sens mon cœur défaillir. Une sensation de vide me brûle les entrailles, Lucienne est devant moi.

Pendant quelques instants, nous restons immobiles, nous contemplant en silence, sans trouver une parole, tout étonnés encore de cette rencontre inattendue.

LE DOUTE.

C'est elle, oui! c'est bien elle.

Mon regard, troublé par l'émotion, devine sa beauté, tout mon être tressaille de désespoir et de bonheur à la fois.

C'est elle, la bien-aimée. Elle n'a point changé!... Ma vision d'hier, quand je l'ai entrevue, n'était pas mensongère. Ses traits ont conservé le charme sévère et attirant, son sourire, l'attrait énigmatique d'autrefois, son regard l'expression indéfinie et vague, provocatrice cependant qui, jadis, m'avait conquis et dès le premier jour. La ligne souple et gracieuse du buste, la sveltesse de la taille, les contours harmonieux de son visage un peu épais et où se devine peut-être une menace d'obésité, tout en elle éblouit et séduit, comme jadis, hélas! davantage peut-être, car cette femme a la beauté redoutable et dure, dont l'âme mystérieuse, violente et digne, certes, d'une destinée meilleure que cette chute vulgaire de mondaine adultère, échouant dans la galanterie tarifée, demeure inconnue, même à ceux qui l'ont approchée, adorée et qu'elle n'a pas aimés, car elle est de celles qui n'aiment pas, jamais, ni personne, et l'homme que je hais, qui me l'a volée le premier ne fut, pour elle, qu'un indifférent, lui aussi, j'en suis sûr — cette femme a atteint aujourd'hui l'épanouissement complet de sa grâce et de sa séduction, l'âge critique qui marque l'apogée des destinées des grandes amoureuses, l'ère des passions sans remède, inspirées par un seul regard et un seul sourire, passions qui, même en notre époque de goujaterie et de prosaïsme, bouleversent encore la vie de quelques infortunés et ridicules rêveurs.

Ce n'est pas mon amour qui m'aveugle, qui me fait exagérer le charme et la toute-puissance séductrice de cette créature : je comprends qu'elle puisse inspirer une haine profonde, mais sa beauté est indéniable et si parfaite, qu'un reflet de l'absolu semble l'animer et palpiter en elle.

Pendant quelques instants, nous restons immobiles, en face l'un de l'autre, ne trouvant pas les premières paroles de cet entretien si inutile.

Qu'avons-nous à nous dire, en effet ?

Pourquoi suis-je revenu ? pourquoi ai-je voulu revoir cette femme ?

Ah ! la revoir en indifférent, elle que j'ai tant aimée, que j'aime encore, hélas ! il faut bien l'avouer. La revoir, et se sentir si loin d'elle, et la sensation abominable d'un abîme nous séparant pour toujours, et cette certitude amère que je n'ai même pas le droit de lui pardonner, car en voudrait-elle, de mon pardon imbécile et lâche? N'a-t-elle pas la fortune, le luxe, la vie ignoble et tapageuse, à laquelle elle aspirait sans doute? Et ne sait-elle pas que mon indulgence inexcusable ne lui rendrait pas sa situation mondaine, à jamais perdue depuis le scandale, qui nous a séparés?

Quant à ma souffrance, que lui importe?

M'a-t-elle jamais aimé? Puis-je avoir la sottise de me forger encore quelques illusions à ce sujet?

Et, cependant, un trouble profond, qu'elle ne parvint pas à dissimuler, s'est emparé d'elle, au moment où sa petite main tremblante s'est tendue vers la mienne, elle, si calme, si sûre d'elle-

LE DOUTE.

même, impassible, au milieu des batailles de la vie et de tous les orages déchaînés, grâce à elle, elle est visiblement émue.

Quelle peut être la cause de cette émotion, passagère sans doute?

Est-ce regret du passé, remords de m'avoir fait souffrir, de me retrouver tellement changé, vieilli, accablé par la cruauté de la vie?

Est-ce une lueur de repentir, un éclair de cette loi morale, que rien n'anéantit en nous et qui, soudain, illumine parfois l'âme la plus obscure, qui sait? et que m'importe, après tout?

Et cependant, ce n'était point une nature vulgaire.

Elle est de celles qui valent mieux que leur destinée et dont il ne faut point désespérer. Un autre milieu, une éducation première plus saine que cette existence de déclassée cosmopolite, que ses parents lui ont fait mener depuis l'enfance, un mariage d'amour, au lieu du mariage d'intérêt qu'elle fit en m'épousant, et cette femme adultère, cette courtisane, qui a fait le malheur de ceux qui l'ont aimée, cette créature au cœur indifférent et cruel à la fois, pour qui la souffrance d'autrui semble une revanche et une joie, aurait pu devenir la plus aimante, la plus fidèle, la plus heureuse de femmes.

Une âme vaillante, une intelligence hors ligne, comme la sienne, et tant de haine, de révoltes et de fiel! et un désir si aveugle de gâcher son existence et celle de tous ceux qui l'approchent!

Pourquoi, hélas? pourquoi?

Et un monde de pensées, de remords, de regrets, s'agite en mon cœur accablé de détresse.

Je me sens si malheureux, la misère, la méchanceté éternelle, l'irrémédiable souffrance humaine, m'apparaissent tellement inéluctables, sous le vivant symbole de cette beauté parfaite, que je n'ai même plus la force de la haïr.

Je trouve enfin le courage de balbutier quelques paroles, et aussitôt la conversation s'engage animée, rapide, nerveuse, comme toutes celles où les interlocuteurs sentent bien qu'au fond, les paroles échangées sont oiseuses, qu'il s'agit d'autre chose, d'un sujet plus grave et plus tragique, plus essentiel, dont on n'ose point parler.

Je lui expose la question d'intérêt qui m'amène : la restitution de la dot que je lui avais reconnue et dont une partie seulement, à la suite des tripatouillages incompréhensibles des tribunaux, lui avait été remise. Je lui dis que je regrette vivement d'avoir cédé aux conseils de mon entourage, qu'une pareille vengeance est indigne de moi, que les arrêts de tous les tribunaux du monde ne peuvent annuler ma parole donnée, tous les lieux communs que l'on débite en pareil cas.

Bref, je suis prêt à lui restituer, de la main à la main, la somme en question. Et pendant que je débite mon déplorable discours, je sens son regard profond et mystérieux s'appesantir sur moi, pénétrer jusqu'au fond de mon âme, y lire clairement les mobiles secrets, inconnus à moi-même, de ma générosité.

Et lorsque j'ai fini, elle, la femme de proie, dont la rapacité fait l'indignation des belles âmes contemporaines, elle refuse.

J'essaie de la convaincre; je trouve des

arguments, elle ne daigne même pas en chercher et persiste dans son refus.

Et un découragement atroce, une désespérance folle s'empare de moi peu à peu. C'est donc fini, fini à jamais ! Cette créature dont la beauté et l'amour sont à vendre est bien morte pour moi. De moi, elle n'acceptera rien, pas même ce vil et ignoble argent, pour lequel elle se prostitue à tant d'autres.

Pourquoi ? pourquoi ? Ah ! pauvre fou !

Et sans me rendre compte qu'après tout rien dans mes paroles ne ressemblait à une déclaration qu'elle eût peut-être accueillie charitablement, même d'un ex-mari, désespéré je me lève, souriant niaisement, mais, au fond de l'âme, la haïssant furieusement, pour la première fois de ma vie.

— Allons ! lui dis-je, je n'espère plus vous convaincre... Adieu !

Silencieusement elle me tend la main, je me dirige vers la porte : il me semble que le monde s'écroule, que désormais il n'y a plus ici-bas ni joie, ni lumière, ni bonheur possible. Pourquoi cependant, pourquoi ? Qu'y a-t-il de nouveau dans mon existence et Lucienne n'agit-elle pas plutôt noblement en refusant mon aumône tardive ?

Oui, mais un insondable abîme nous sépare à jamais. Pour la première fois j'en ai eu la notion si précise et si nette, qu'il me semble que c'est une mourante que je quitte pour toujours. Et une douleur si profonde, si irrémédiable me pénètre que je n'ai même plus la force de la dissimuler.

Hélas ! où est la créature que j'ai tant aimée ? Qu'est devenue la Lucienne de mes rêves, la fiancée des premiers jours et pourquoi cette femme lui ressemblet-elle encore, pourquoi nos deux existences, réunies pour un jour, se trouvent elles séparées, et pour toute la vie?

Quelle puissance mystérieuse et cruelle nous pousse-t-elle toujours vers la douleur, la déception et le malheur, vers les ruptures éternelles, qui laissent au cœur une inguérissable blessure, vers la perte certaine de nos rêves et de nos espoirs, de tout ce qui est la joie et l'orgueil, la beauté et la bonté de la vie?

Mais au moment où j'allais disparaître, un geste de Lucienne m'arrête au seuil de la porte, et c'est la voix attendrie de l'adorée du temps jadis qui me parle soudain :

— Au moins, êtes-vous heureux, André?

Oui, c'est elle, je la retrouve enfin. Une lueur de tendresse illumine ce visage assombri déjà par l'épreuve de la vie, un éclair de bonté a purifié la flamme de ce regard fiévreux. Son âme pour un instant s'est retrouvée, telle que je l'ai pressentie et aimée quand les méchants ne l'avaient point encore pervertie et volée à mon amour.

— Hélas, non! Lucienne, je ne suis pas heureux!

Et retenant à peine un sanglot qui déchire ma poitrine, ne voulant pas qu'elle me voie pleurer, désespéré, sans même lui jeter le dernier regard qu'on accorde aux ennemis au moment de l'éternel adieu, je m'enfuis, brisé par l'émotion, la rage, l'âpre certitude que tout est bien fini entre nous et que pourtant je l'aime encore, et que l'ancienne blessure va se rouvrir, source de douleur affolante, sans remède possible.

. . . .

La nuit est claire et sereine, la nuit de printemps étend son voile d'azur sombre sur la ville assoupie après la fatigue effrénée d'une journée de vie parisienne. La nuit de mai qu'osaient aimer encore les poètes d'antan, de son souffle léger, semble effleurer mon front, par ses mille murmures au timbre mystérieux, elle me parle tout bas d'oubli et de pardon, du sommeil, qui n'est que le symbole de l'universel néant, du sommeil qui engourdit peu à peu, pour quelques heures de paix, les forces éternelles, maîtresses et législatrices du monde, du sommeil où s'éteindront un jour les passions qui nous semblent immortelles et nous brûlent le cœur...

Hélas! dans les cieux inconnus et immenses vers lesquels se sont tendues tant de mains suppliantes, qu'ont contemplés tant de regards, jadis voilés de larmes, éteints à jamais maintenant avec le reflet de douleur qui les divinisait, est-il un refuge de paix où ceux qui ont souffert et qui, las de la vie, aspirent au repos, le trouveront enfin?

Dans le calme serein et triste de la nature impassible, pourquoi la douleur de l'homme a-t-elle surgi, comme une fleur décevante, au parfum empoisonné et subtil? Pourquoi la mort, la douleur et l'absence, toutes les misères de la chair et de l'âme? Pourquoi, toujours inexpliquée, l'antithèse éternelle de la réalité et du rêve, du monde matériel et du monde invisible qui palpite en nos âmes? Pourquoi y a-t-il des êtres condamnés, comme moi, à poursuivre toujours une irréalisable chimère, répandant goutte à goutte, sur la route de l'exil terrestre, tout le sang de leur cœur?... Hélas! hélas!... Pourquoi l'aimer encore? et ne pas être aimé, et ne rien pouvoir pour que le passé s'efface ou pour qu'une vie nouvelle recommence du moins? Souffrir atrocement en méprisant sa souffrance, n'est-ce pas le pire de tous les maux? Vraiment, il y a en ce monde des pas-de-chance, des déshérités, sur qui le sort s'acharne avec trop de cruauté. Pour eux, pas de salut possible, pas un jour de bonheur et de joie dans l'avenir morose, pas un souvenir dans le passé avili, pas un éclair de réussite, de poésie ou d'amour dans les ténèbres de leur vie manquée. Poussé par cet instinct mystérieux qui nous fait chercher aux heures de détresse et de découragement, dans la solitude éternelle des espaces infinis, l'appui inconnu et divin, le principe d'amour et de miséricorde que l'on cherche vainement dans la vie sociale et dans le cœur des hommes et qui pourtant doit avoir quelque part une patrie certaine, je lève les yeux au ciel et comme un enfant, comme un collégien sentimental, je pense aux mille lieux communs que suggère aux âmes toutes neuves, parfois aussi à celles qui ont beaucoup vécu, le spectacle du monde, spectacle merveilleux dans son mystère monotone. Le néant de tout m'apparaît, la relativité de nos croyances, le vide de nos rêves et de nos ambitions, la fragilité des créatures passagères, qui ne durent qu'un jour, ou des mondes qui ne durent que quelques milliers de siècles, lorsque seule l'Intelligence inconnue et divine vit éternellement, l'issue inévitable de nos bonheurs, de nos angoisses, de nos amours, combien misérables et fragiles !

Et peu à peu ma douleur s'engourdit, mais elle ne cesse pas, elle ne peut plus se taire.

Hélas! où est le temps lointain, le temps heureux, où les croyances d'autrefois vivaient encore dans mon âme d'enfant? Où est le temps où les étoiles du ciel m'apparaissaient comme des regards amis aux effluves dorés? le temps où les regards de ceux que j'aimais disaient la vérité?

Aujourd'hui, hélas! plus une croyance n'est restée vivante; l'âme divine, qui habitait autrefois les cieux immenses et l'univers sans bornes, s'est éloignée de moi; les étoiles lointaines ne me parlent plus le langage des nuits contemplatives de ma première jeunesse et dans le sourire des êtres adorés, pour qui, autrefois, je serais mort sans un regret, je ne vois plus que mensonges et trahison. Le doute a reculé pour moi les bornes de la connaissance humaine, il obscurcit d'un impénétrable mystère ses origines et ses lois, le doute m'a voilé la beauté palpable de l'univers vivant, il m'a ravi à jamais l'inappréciable trésor de la foi en la bonté de la vie, en la vérité de l'esprit, en la justice des choses.

Les splendeurs infinies que je contemple encore, ne sont-elles que les visions décevantes d'une créature d'un jour, condamnée à disparaître avec l'univers qu'elle imagine elle-même, ou bien, au contraire, cette intelligence humaine avide d'absolu et qui depuis des siècles interroge le sphinx, est-elle autre chose qu'une lueur passagère, produit inconscient des forces matérielles ?

Que sais-je ?

Toujours la désolante réponse du grand penseur latin et il n'y en a point d'autre. Et tant que vivra notre misérable race, à l'interrogation désespérée de ceux qui cherchent la vérité, leur conscience rongée par l'éternel doute, jettera cette réponse...

Ah! du moins, si l'amour apparaissait dans ma vie déserte! De toutes les chimères celle-ci est la plus enivrante et ceux qui la possèdent, oublient sans peine les angoisses de l'âme. Mais je suis seul au monde et personne ne m'aime, et je ne puis même pas croire à la chimère d'aimer.

VI

— La vérité, vois-tu, c'est qu'il n'y a rien en ce monde, tu m'entends, rien? Tout nous trahit et nous trompe. Tout n'est que poussière et néant! Phrases prétentieuses, diras-tu, insupportables banalités! Possible, mais quelle essentielle vérité elles expriment!

—Cependant, mon cher, l'homme ne tiendrait pas tellement à la vie, si les quelques instants de bonheur qu'elle nous octroie, de temps en temps, comme une aumône dérisoire, ne nous dédommageaient, en partie du moins...

— Ah! oui! Je la connais, cette autre blague. Pour une heure de bonheur, de larmes précédée et de larmes suivie, tu peux, tu dois aimer la vie. Très jolis, ces lieux communs, lorsqu'un poète de talent en cache la désespérante banalité sous une forme littéraire impeccable, mais combien inutiles et combien vite dévoilés, rejetés avec mépris, par tout esprit supérieur, ayant un peu vécu et souffert!

— Allons, allons, ne te laisse pas emballer par un pessimisme de collégien. La vie, après tout, est le postulat primordial de toutes choses. A quoi bon la maudire, la railler? Elle est ce qu'elle est, acceptons-la.

— Acceptons-la? Et pourquoi cela? et qui donc m'y oblige?

— Alors, finis-en avec cette mauvaise plaisanterie, finis-en, une bonne fois: aie le courage d'être logique jusqu'au bout.

— Le suicide? certainement, c'est là la seule issue : crois-tu que je n'y aie point songé?

— Songer ne suffit pas.

— Ah! c'est que voilà, l'illusion tenace, impitoyable et inepte du bonheur, ne s'efface en nous que par intermittence. Chacun de nous a sa marotte, par laquelle l'ignoble volonté de vivre, le genre malfaisant de l'espèce le tient enchaîné dans un monde plein d'embêtement et de vilenies; et au moment où l'on allait enfin accepter la délivrance, on redevient lâche, on tremble et on n'ose plus.

— Tu ne peux donc pas nier que l'idée du bonheur suffit à nous faire vivre, et tu le sais bien, toi, qui te piques d'être un métaphysicien de profession, nous ne connaissons que l'apparence des choses ambiantes : que nous importe, dès lors, l'illusoire réalité de l'idée du bonheur? Cette idée existe, cela suffit.

— Allons donc, comment croire au bonheur, seul but, seule sanction, seul espoir réel et secret de la vie, lorsque tout nous révèle, à chaque instant, notre misère éternelle, le néant de nos aspirations, le vide méprisable de nos rêves et de nos ambitions?

— Il y a dans la vie plus d'un but sacré, suffisant pour nous faire supporter la peine de vivre; si nous n'avons pu les atteindre, mon vieux, si nous avons raté nos existences, est-ce une raison pour nier les croyances de ceux qui, plus heureux que nous, guident l'humanité vers un idéal de jour en jour plus proche, moins illusoire.

—Ah! mon pauvre ami? décidément, les dures expériences infligées par le sort n'ont pas affaibli en toi ce vieux fonds de jobardisme et d'hypocrisie, qui sont les traits essentiels de cette chère âme slave, si vantée et que j'ai toujours détestée pour mon humble part, peut-être, parce que je suis Slave moi-même et que je sais bien le nombre d'irréparables sottises qu'elle m'a fait commettre, cette fameuse âme slave !

Nous sommes tous comme ça, là-bas : nous ne pourrions pas vivre, sans croire à tous les lieux communs, à toutes les vieilles rengaines, ou plutôt, et c'est ce qu'il y a de plus terrible, nous ne sommes même pas sincères dans nos emballements : nous savons parfaitement à quoi nous en tenir sur les fantoches que nous idolâtrons. Mais le besoin de se tromper soi-même, de croire à une chimère quelconque, afin de pouvoir être intolérant, fanatique et despote, ce besoin-là est plus fort que tout.

Tiens, c'est comme notre indéracinable optimisme, car enfin, veux-tu me le dire, qu'est-ce qu'il y a dans la vie?

Sois sincère, ne pense pas aux conséquences possibles de nos doctrines subversives, n'interroge que ta conscience, oublie les préjugés que l'éducation, l'habitude et l'obscur instinct héréditaire fortifie et défend au fond de notre âme.

Quelle est la croyance qui résistera à un examen critique quelque peu rationnel et approfondi :

La science?

Tout esprit cultivé, capable de s'intéresser aux vérités générales, admet aujourd'hui que rien ne pourra nous révéler le suprême mystère, le problème décevant de l'origine du monde et des destinées de l'homme; un voile impénétrable nous cache la région supérieure des réalités essentielles, des lois primordiales, dont tout procède et qui seules importent, que nous l'appelions la chose en soi, comme les disciples de cet étonnant Kant, chez lequel on trouve, au milieu d'un fatras pédantesque toute la science et toute la sagesse des temps modernes, ou que nous l'appelions la sphère de l'Inconnaissable, comme les penseurs anglais, dont le positivisme métaphysique est aujourd'hui à la mode, peu importe : le domaine le plus important de la connaissance humaine, celui des causes premières, nous demeure à jamais impénétrable; délivrée enfin du sot orgueil des matérialistes de bas étage, la science, trop loyale pour espérer s'ennoblir à l'aide d'un mensonge, avoue son impuissance et fixe d'elle-même les limites au delà desquelles son investigation ne pourra atteindre.

A quoi bon, dès lors, se confiner dans l'étude stérile d'une de ces sciences secondaires, dont le but est de nous faire connaître quelque infime partie des phénomènes, se produisant sur l'infime petite planète que nous habitons?

Quand même toutes ces sciences auraient atteint le plus haut degré de perfection possible, l'éternel désir de connaître sera-t-il apaisé? L'anxiété douloureuse de l'esprit humain devant l'énigme de l'univers, tourment glorieux, unique titre de noblesse de notre race déchue, cette anxiété ne s'augmentera-t-elle point, au lieu de diminuer, à mesure que le développement quotidien des sciences partielles fera reculer davantage la possibilité d'une science générale, synthétique et suprême...

Cependant, des lois immuables n'empêchant certes pas la coexistence d'un monde nouménal au delà de l'univers visible, au contraire, nous obligeant presque à y croire, des lois de plus en plus connues, grâce aux résultats des méthodes expérimentales, régissent le développement des groupes collectifs et des individualités de notre race, aussi bien que toute série de phénomènes ou que tout agrégat d'organismes vivants.

Et nous ne pouvons plus conserver cette inepte chimère du progrès, qui, chez tant d'esprits bornés, a remplacé les anciennes croyances métaphysiques. — Car rien ne peut modifier l'évolution des phénomènes sociaux. Quoi de plus ridicule, de plus inutile, de plus exaspérant même, dans leur outrecuidance, que les billevesées des socialistes, des politiciens et autres bavards autoritaires?

Par cela même que l'apparence des choses nous est seule connue, que la nature n'est perçue qu'à travers le prisme de nos sens et de notre entendement, la personnalité humaine seule existe, le reste de l'univers n'est qu'un éternel mirage aux spectacles changeants, et les fantoches qui s'y agitent confusément ne sont, peut-être, que les créations de notre esprit, s'objectivant au dehors, doctrine exagérée, enfantine, imitée des philosophes allemands.

Et pourtant elle contient, elle aussi, une part de vérité, tu le sais bien, ce qui ne doit pas nous empêcher, d'ailleurs, d'éprouver quelque pitié pour ces créatures éternellement inconnues, que nous appelons nos semblables, comme nous condamnées à un isolement sans fin, car chacun de nous vit et meurt seul, si terriblement seul.

Ainsi, l'altruisme, l'amour du prochain, appelez ce sentiment comme il vous plaira, ne peut plus consister qu'en la charité individuelle, venir en aide aux misères que le hasard nous fait rencontrer sur notre chemin : il n'y a que cela de vrai et de bon dans cet ordre d'idées, malgré l'amère constatation que le bien fait par nous à une individualité ne changera rien à la misère et à l'injustice générales, malgré la certitude absolue de ne rencontrer que des ingrats.

Évidemment, il y a là matière à quelques sensations raffinées, élégantes et très belles moralement : il faut en élaborer en soi le goût et le désir.

Mais enfin, quel abîme entre notre compréhension de la fraternité humaine et les anciennes chimères de ceux qui rêvèrent le bonheur de notre race entière, une ère de bien-être et de justice universels ! Et dire que fut un temps où les plus hauts esprits d'une génération y croyaient encore, à ces chimères décevantes et si nobles pourtant ! Comme cela paraît loin et vide aujourd'hui ! Car, que m'importe ce bonheur si vanté du genre humain, si ma misère, à moi, est irrémédiable, et si chacun de nous doit en dire autant ? Ne suis-je pas un être humain, moi aussi ? N'ai-je point quelque droit à ma propre pitié, et chacun de nous n'a-t-il pas acquis, au prix de tant de désillusions et d'expériences sentimentales, la certitude de ne jamais pouvoir atteindre le bonheur ?

Car où est-il, encore une fois, où le trouver, par quel chemin s'acheminer vers lui ?

Recréer la vie, rétablir en une œuvre géniale, mais humaine, l'harmonie synthétique, l'idéal que nous pressentons vaguement, la perfection absente dans les phénomènes du monde extérieur, oui, certes, ce doit être, momentanément du moins, une source d'oubli et même de félicité parfaite; mais cette précieuse faculté qui nous octroie la délivrance en nous permettant le développement complet de notre individualité, de ce moi mystérieux qui résume l'univers, cette faculté n'appartient qu'à quelques élus; tout le monde ne peut pas être un écrivain, un poète, un grand penseur ou un grand artiste.

Pour le commun des hommes, crois-moi, les jouissances, dont l'art est le mobile, ne sont même pas une consolation, à peine un passe-temps.

Et, cependant, pour ceux qui ne sont pas tout à fait des brutes, pour ceux qui, même après avoir arrangé, tant bien que mal, les conditions de leur exil terrestre, ne se contentent pas de la satisfaction approximative des grossiers appétits matériels — car, au fond, tu le sais bien, pour la masse, il n'y a que cela dans la vie, aucune autre sanction, aucun autre but, — pour ceux-là quel mécontentement inévitable, quelle recherche invincible et tenace, malgré le ridicule qu'elle comporte à nos propres yeux, d'un idéal impossible, et dont l'avortement laisse au cœur une blessure inguérissable!

— Tu oublies, dans ton énumération de pessimiste banal, la passion qui a inspiré le plus de lieux communs, mais aussi de paroles sublimes qui ne vieilliront pas, celle qui nous donne, ou qui du moins donne aux heureux de ce monde, aux vainqueurs, aux élus, des sensations qui ne trompent point, celles dont les souffrances mêmes ont une saveur si profonde et si âcre, qu'elles suffisent pour faire aimer la vie...

— L'amour, n'est-ce pas? c'est de l'amour que tu parles?

Ah! il ne manquait plus que ce dernier lieu commun; je l'attendais, et c'est toi, mon pauvre ami, toi qui as le toupet, après tes mésaventures conjugales...

— Oh! je t'en prie, pas d'allusions personnelles; tu vas trop loin dans ton amour du subjectivisme: celui-là serait de mauvais goût, permets-moi de te le dire.

— Tu as mille fois raison et je te fais mille excuses, mais c'est que, vraiment, vous êtes exaspérants, tous, avec votre rage de vous créer des désespoirs superflus, de nuisibles et meurtrières chimères.

L'amour! ah! l'amour! Le grand mot qui, soi-disant, excuse tout, l'amour, la grande duperie, l'immortelle fumisterie du génie de l'espèce, car, il n'y a pas à dire, cet Allemand de Schopenhauer,

LE DOUTE.

dans ses géniales boutades, en a donné la définitive formule, l'immortelle et mystérieuse force vitale, l'abominable principe de vie et de souffrance s'incarnant dans l'idéal individuel de chacun de nous et condamnant chacun à d'inéluctables tortures.

Comment, toi qui comprends, comme tous les esprits éclairés, que la vie spirituelle seule importe, car nous ne pouvons trouver un peu d'apaisement et de bonheur que dans l'épanouissement complet de notre personnalité, la pleine possession de toutes nos facultés de sentir l'incompréhensible univers, puisque cet univers, n'existant que dans la synthèse de l'esprit qui le perçoit, n'en est que la vivante image; toi, qui comprends tout cela, tu oses parler de l'amour?

Mais, parmi les illusions dont l'existence est faite, celle-ci est la plus cruelle et la plus dangereuse. Malheur à celui qui aime sincèrement; celui-là ne goûtera même pas ces quelques instants d'indifférence et de douce quiétude qu'obtiennent les natures vulgaires, car les brutes qui ne vivent que pour leur grossier bien-être matériel sont moins dupes que nous autres rêveurs, des pièges de la nature ennemie. Et voilà encore un dilemme tragique et écœurant : sans amour, point de grandeur, d'au delà, de poésie dans une existence, et une fois l'amour apparu, c'est un martyre de tous les instants qui commence.

Comment, insensés, c'est à un de ces sphinx vivants, à une de ces éternelles inconnues que vous confiez le salut de votre âme, l'avenir de vos rêves, la dignité de votre vie!

Votre moi, votre âme, ce qu'il y a en vous d'éternel et de divin, n'est-il

LE DOUTE.

point désormais le jouet du destin et du hasard aveugle?

Ne reniez-vous pas, en abdiquant toute liberté, votre œuvre de perfectionnement moral et de culture psychologique, ne choisissez-vous pas la route diamétralement opposée à celle du bonheur, en admettant que le bonheur existe? Car, ou bien l'on aime sans être aimé, et c'est la pire souffrance, ou bien l'on est aimé sans aimer soi-même, et c'est nous qui de victimes devenons bourreaux, ou bien si, par miracle, deux êtres vraiment épris l'un de l'autre, sont enfin réunis, l'idée seule que leur amour n'est pas éternel, que la mort doit le briser un jour, que l'un des deux s'en ira le premier et que pas un de ceux qui se sont aimés et qui s'aimeront dans les siècles à venir, ne pourra éluder l'angoisse de la séparation éternelle et du dernier adieu, cette idée ne suffit-elle pas pour tout empoisonner?

Que m'importe que l'amour soit immortel, comme l'est l'idée type de l'homme et de toute chose, mon amour à moi, celui qui me faisait vivre, celui qui me souriait dans un regard de femme adorée, apparition éphémère et charmante, condamnée à disparaître demain peut-être, dans la nuit du passé, celui-là doit périr, cela me suffit pour désespérer du bonheur et de la justice. Et puis, même en dédaignant cette amertume métaphysique de l'amour, qui se sait éternel dans son essence première, périssable et fragile dans sa forme terrestre, que de déboires, que de vilenies et d'inévitables souffrances il traîne à sa suite! La jalousie, la tyrannie de la chair, l'affolement des premières espérances, trop âcres et qui brisent le cœur, le désespoir des obstacles sans fin qu'il faut vaincre avant de conquérir l'être aimé, le spleen des séparations, de l'absence, de l'attente qui dure toute une vie parfois, spleen accablant, à nul autre pareil, et pour lequel il n'est point de remède, et puis enfin, et puis surtout, l'inexprimable tristesse de la désillusion qui se produit toujours, toujours!

Mon vieil ami se tait, il a épuisé sans doute le stock de lieux communs, que tout métaphysicien qui se respecte tient à sa disposition dans les moments d'ennui, de découragement et de spleen.

Il se tait.

Autour de nous, le crépuscule devient plus compact, envahissant peu à peu la chambre misérable d'aspect où, sur un grabat, repose, condamné sans doute à une fin prématurée, ce poitrinaire, qui fut autrefois un des hommes les plus éminents de son pays et de sa génération.

Et l'inexprimable angoisse de ceux qui n'espèrent plus en la bonté de la vie, la tristesse dont il parlait tout à l'heure, pénètre peu à peu, comme un poison subtil, dans mon cœur accablé.

Je cherche un argument qui réfuterait victorieusement les théories désespérées de Darski; je sens que cet argument, et non pas un, mais dix, mais vingt, doivent exister, mais je ne trouve rien, rien que ces autres phrases banales, éternelle ressource de ceux qui cherchent à se raccrocher du moins aux vaines promesses de l'optimisme.

— Tout ce que tu dis est vrai, mais sois logique jusqu'au bout : accepte les conséquences inévitables de tes théories philosophiques, qui sont les miennes aussi, et qui, tu as beau prétendre à la certitude rigide des néokantiens, n'en aboutissent pas moins à un scepticisme désolant. L'absolu n'existant pas, pour nous du moins, les choses en soi, les réalités supérieures demeurant éternellement dans la sphère de l'Inconnaissable, chaque façon de comprendre et d'expliquer l'énigme du monde et la destinée de l'homme a sa raison d'être, sa part de vérité, chaque explication de l'univers, tu le disais toi-même, est légitime et rationnelle.

Eh bien! après tout, qui sait si nos adversaire, les insupportables sectaires, atteints de la manie de la certitude, ne sont pas dans le vrai?

N'admettons-nous pas la relativité de tout, la fragilité de toute négation, aussi bien que de toute certitude, l'impossibilité d'affirmer quoi que ce soit, même les conclusions de notre scepticisme? Qui sait si les fanatiques ne perçoivent pas, eux aussi, quelques reflets de l'Inconnaissable Vérité?

Qui sait s'il n'y a pas dans la conscience humaine une étincelle d'immortelle vie, que la mort n'éteint pas? Qui sait si cette existence abjecte n'est pas la première étape vers un monde nouveau, inconnu et meilleur?...

Et si vraiment, comme dans les éthiques charmantes et naïves des théologiens, cette vie ne pouvait être atteinte que par ceux dont l'âme se dégage des passions terrestres, passions jamais inassouvies, sources de malheur et de désespoir, les pessimistes modernes sont d'accord sur ce point avec les catholiques : le but de la vie ne serait plus le bonheur, mais la souffrance rédemptrice, qui trouve dans cette conception primitive et si noble pourtant, son excuse, sa sanction et sa loi...

Oui, mais cette conception est-elle vraie : quelles preuves peux-tu fournir à son appui? me diras-tu avec perfidie.

Hélas! aucune.

Je le sais bien. Tout en nous et autour de nous n'est que mystère et contradiction; le sage, lorsqu'il doit conclure sur le sens de la vie, ne peut répéter que le célèbre « que sais-je? »

Il n'y a rien de vrai, rien de sûr, aucun port de salut, vers lequel l'âme humaine, avide d'absolu, puisse s'acheminer, aucune étoile fixe, dont les rayons d'espérance éclairent notre nuit, dans les cieux inconnus : le doute, que les romantiques appelaient la maladie du siècle, le doute sur lequel tombent quotidiennement les malédictions des fanatiques et des sots, le doute est la seule vérité et la seule sagesse.

Oui, la seule vérité, car il les admet toutes et n'en rejette aucune.

— Tu as raison et je l'ai dit cent fois, m'interrompt brusquement Darski ; malheureusement notre cœur misérable est ainsi fait que, même lorsqu'il comprend le néant d'une chimère, le regret de la perdre subsiste...

Ainsi, l'homme n'a pas de choix : vivre comme une brute, dans l'ignorance et la présomption crasses, dans la boue de l'existence matérielle, sans un éclair de clairvoyance, de dignité et de joie intellectuelle, ou bien douter de tout, sentir toutes ses croyances, tous ses espoirs s'écrouler lentement, souffrir toujours et sans cesse.

— Eh bien ! oui, l'homme que guide vers l'absolu un instinct éternel, qui pressent un monde suprasensible au delà du tombeau, une sphère impérissable de vérités immortelles au delà du monde terrestre que gouverne le fatalisme des lois matérielles, l'homme que tout accable à la fois : la misère de sa chair périssable, de son cœur fragile et de son âme avide de vérité, l'homme est condamné à souffrir : c'est là sa destinée, son avenir certain et tragique.

Mais il y a en nous une force plus puissante que toutes ces lois terribles de la matière et de l'esprit qui nous oppriment, plus puissante que la mort, que la douleur et la haine, c'est celle que tu raillais tout à l'heure, celle qui nous fait vivre tout entier pour une autre créature, aussi misérable que nous d'ailleurs, oh ! je ne te parle pas de l'amour dans l'acception vulgaire du mot, je ne parle pas de la passion sensuelle, mais de l'amour principe de bonté, de salut, de rédemption, de l'amour qui n'est que bonté et pardon et qui, s'il ne vivait que dans l'âme de quelques élus, de quelques rêveurs bafoués et méprisés, n'en serait pas moins une réalité et une de celles que tu admets, incorrigible phraseur; une réalité idéale; oui, car l'homme qui souffre, se dévoue et meurt pour une cause qu'il croit sacrée, ou pour une créature qu'il croit aimer, et qui n'attend rien : ni récompense ou profit personnel si sa croyance triomphe, ni réciprocité de la part de l'être adoré qui lui doit son bonheur, l'homme qui fait le bien, — employons le vieux terme bourgeois, il n'en est pas de plus juste, — sous l'impulsion sublime et mystérieuse d'une idée abstraite, l'homme qui, méconnu, comme nous le sommes tous deux, par ceux qu'il a aimés, renié et trahi, calomnié et vaincu, accablé par la misère de sa guenille charnelle, par la pauvreté et toutes les iniquités de la vie sociale, l'homme auquel une rude expérience aura appris l'injustice de la destinée et la méchanceté innée de notre race et qui trouve pourtant la force morale de ne pas maudire la nature, car elle est inconsciente, de ne pas désirer le malheur de nos semblables, car il sait que les méchants comme les autres sont condamnés au mal par la force des choses, de ne pas haïr ceux qui l'ont fait souffrir et pleurer, celui-là, vraiment, peut dire :

J'ai vaincu la mort, j'ai vaincu l'injustice, j'ai vaincu la souffrance...

Darski réfléchit un instant ; puis, d'une voix altérée, où je sens la vibration de mille souvenirs soudain évoqués, et qu'il voudrait chasser, rejeter au plus vite dans les ténèbres de l'inconscience où végètent nos douleurs oubliées :

— Oui, certes. L'amour, la bonté, l'altruisme, l'idée du devoir, appelle comme tu voudras cette force inconnue que rien, rien, aucune association d'idées ne pourra expliquer et qui vraiment fait participer l'homme à la divinité, oui, l'amour est une force, une force toute-puissante. Mais c'est égal, vois-tu, la haine... Ah! la haine pour les vaincus, la haine est encore la suprême revanche...

— Haïr le mal, haïr la haine, l'injustice, la violence, l'oppression des faibles, la présomption des vainqueurs, la sottise, la méchanceté, et la persécuter partout, toujours, l'écraser, la gueuse, quand on le peut, sans pitié, sans remords! comme c'est bon! Seulement voilà, et je le sais bien, cette haine-là, c'est encore de l'amour. Et puis, nos désespoirs, nos discussions métaphysiques,

LE DOUTE.

notre recherche de l'absolu, nos dissertations sur le néant de tout et l'issue inévitable de tant d'efforts et de souffrances, tout cela s'oublie, tout cela s'efface, tout cela n'est rien devant un sourire inconscient de femme aimée?

Nous pressentons combien de douleur évoquera ce sourire, nous sentons le piège que la nature nous tend, nous savons bien que la douleur nous guette ici comme ailleurs, nous méprisons l'amour charnel, nous doutons de son essence divine, comme nous doutons de tout, mais son despotisme n'en subsiste pas moins, et de tous ceux qu'il faut subir, celui-là est certes le plus dur.

Ah! misérables esclaves que nous sommes! Oui, il faut douter de tout, puisque tout aboutit à la souffrance et au désenchantement, même l'amour, même le pardon, même cette loi morale que glorifiait notre vieux maître, il n'y a que la douleur dont on ne puisse point douter.

— Toi, du moins, tu as du talent. Tes débuts d'écrivain avaient été justement remarqués. Pourquoi ne travailles-tu plus? Pourquoi t'es-tu laissé envahir par la paresse impardonnable des gens de lettres amateurs? A défaut des joies sublimes de la pensée créatrice, tu peux te rabattre sur les satisfactions de vanité de la vie littéraire.

Mais j'interromps, d'un éclat de rire ironique, les conseils de mon vieil ami.

— Ah! parlons-en de la gloire, de la popularité, des satisfactions de la carrière artistique.

De toutes les vanités possibles, celle-ci est la plus méprisable et la plus décevante; plus décevante encore que l'amour et que le plaisir; je comprends l'acharnement de l'homme de génie, qui continue son œuvre malgré les déboires de l'existence réelle. Ceux-là retrouvent, dans l'œuvre créée par eux, l'harmonie absente de la réalité, ceux-là vivent mille existences dissemblables, dont quelques-unes peut-être valent la peine de vivre; ils atteignent dans l'exaltation du travail, dans la perfection réalisée quelquefois, l'absolu inaccessible au commun des hommes.

Mais l'homme de lettres au talent secondaire, celui qui ne sait qu'imiter ses prédécesseurs, celui qui n'apporte pas une vision personnelle, un frisson de sensibilité, inconnue avant lui, celui pour lequel la production artistique n'est pas un besoin impérieux et irrésistible de son être moral, comment excuser la peine qu'il doit se donner, l'illusion qui lui fait croire à son génie et multiplier des œuvres médiocres, destinées à l'oubli, avant même de paraître ?

Et d'ailleurs, les œuvres de génie elles-mêmes ne doivent-elles pas disparaître, un peu plus tôt, un peu plus tard, qu'importe ? dans ce gouffre insondable d'oubli et de néant, où s'engloutissent peu à peu les choses humaines, quelles qu'elles soient, hélas ! Dans quatre ou cinq siècles, que restera-t-il de l'œuvre d'un Shakespeare, d'un Taine, d'un Balzac, d'un Tolstoï ou d'un Kant même, des plus grands créateurs d'images, de caractères et de fictions immortelles, des plus grands inventeurs de vérité inconnues jusqu'à eux, des esprits les plus dignes de survivre à la loi d'inéluctable anéantissement, créateurs d'un monde qui semblait vraiment impérissable ?

Se peut-il que ces chefs-d'œuvre si fiers, si lumineux, d'une jeunesse immortelle, d'une beauté toujours égale dans leur grâce première, et où l'immuable absolu semblait réalisé, disparaîtront un jour dans le cataclysme qui emportera tout, se peut-il que ces quelques chefs-d'œuvre, où palpite l'essence même du génie humain, ne dureront pas plus que la misérable planète et la race périssable qui les ont produits, dont ils furent la fleur mystique admirable et sacrée.

A quoi bon alors ?

Et y a-t-il au monde une pensée plus triste que celle-là, plus féconde en constatations cent fois faites déjà et toujours poignantes et nouvelles, sur le néant de tout ?...

Oui, à quoi bon ?

Et comment ceux qui, comme moi,

n'ont eu qu'un vague talent de journaliste, si le besoin de gagner un morceau de pain ou bien la vanité imbécile, qui nous fait voir le bonheur de la vie dans ce fait stupide, que la foule des sots et des indifférents connaît notre nom, si aucune de ces raisons ne les y oblige, comment ceux-là, parvenus à l'âge où il n'est plus permis de nous illusionner sur nous-mêmes, peuvent-ils continuer leur besogne inutile, fatigante et si vide?

Le journal que j'avais fondé dans ma fièvre orgueilleuse de dilettante riche, de débutant désireux d'avoir une tribune, un organe où il puisse préconiser et défendre ses idées enfantines, ce journal continue à paraître chez nous, là-bas, mais je n'y ai rien publié depuis des années et nos chers compatriotes attendront longtemps avant d'avoir l'honneur de lire de ma prose.

Dans mon dégoût de tout, dans la lassitude morale et le découragement absolu qui m'oppriment, certes, ce n'est pas à la vanité littéraire que je me raccrocherai.

Toi qui fais avec tant d'acharnement et d'esprit le procès de toutes les chimères humaines, épargnerais-tu celle-là?

Mon vieil ami se soulève sur sa couche d'agonisant, et me regardant fixement :

— L'enfant te reste, me dit-il d'une voix triste, dont la gravité me fait tressaillir douloureusement; il faut vivre pour lui.

L'enfant! Ah! l'enfant! Et un sanglot tout à coup me serre la gorge, puis toute l'amertume dont mon cœur est plein déborde dans un flux de paroles :

— Tu te souviens combien je l'aimais? Eh bien! depuis le jour où j'ai appris la vérité, mon amour a disparu, en un instant il est mort et sans laisser de traces.

Qu'est-ce donc que la force d'une idée, si elle peut vaincre ainsi les sentiments les plus profonds, les plus invincibles en apparence?

Ce que j'aimais en cet enfant, c'était donc l'orgueil de ma paternité, plutôt que mon fils lui-même? D'ailleurs que m'importe! je ne veux pas raisonner ma douleur, la blessure est trop récente, j'en souffre trop encore. Oui, je sais ce que tu vas me dire. L'enfant n'est pas coupable, il est le fils de mon esprit et de mon affection, s'il n'est pas celui de ma chair, et du moment que j'ai consenti à le recueillir, à lui laisser, malgré tout, mon nom et ma fortune, je devrais aussi l'aimer, l'élever, lui pardonner la faute de l'absente, ne pas le condamner, lui, l'innocent, à l'enfance abandonnée des orphelins, à la jeunesse attristée de ceux qui sentent un mystère planant sur leur naissance, les séparant à jamais des parents, dont l'inexplicable froideur, souvent, désespère les âmes jeunes et tendres, ignorantes de la vie.

Oui, je sais tout cela, mais je ne suis pas un saint, je ne suis qu'un homme, très malheureux et qui n'a pas le courage, ni l'orgueil d'être sublime.

Ah! cet enfant, que je ne peux voir sans me sentir défaillir, car c'est vraiment son image vivante, à elle, l'infidèle, l'infâme; cet enfant qui sera riche, heureux et envié un jour, je ne veux ni l'aimer ni le connaître; qu'il grandisse, loin de moi, ce que j'ai fait pour lui suffit, je ne veux même pas le voir, non, non, jamais, jamais! Et c'est moi qui te dis maintenant : Il n'y a rien en ce monde, aucune croyance, aucun espoir, aucune chimère ne résiste à l'impitoyable analyse : sur les ruines de tout ce qui fut jadis la consolation et la joie de notre misérable race, le doute seul subsiste.

Hélas! l'âme humaine pourtant, même aux heures de découragement absolu, voudrait se rattacher à l'illusion de la vérité, mais une philosophie qui exclut toute certitude peut-elle contenir un seul principe de vie?

— J'en doute autant que des croyances qui condamnent le doute.

VII

Je ne peux plus vivre sans vous, Lucienne, loin de vous, sans vous voir, sans sentir votre présence auprès de moi, sans que ma vie soit mêlée à la vôtre, par la joie ou la douleur, par le bonheur ou par l'infortune, l'amour ou la trahison, peu importe.

Mais me sentir un étranger pour vous, mais cette sensation, si cruelle, si âpre, d'un abîme, nous séparant pour toujours, mais votre indifférence, hélas! voilà ce qui est atroce, voilà le supplice qui dépasse mes forces.

De grâce, ayez pitié de moi. Songez à tout ce que j'ai souffert. Songez combien il y a eu dans ma vie de désillusions et d'épreuves, et combien peu de joies, et ne riez pas en lisant cette lettre, ne rejetez pas la supplication désespérée qu'elle contient.

Ah! vous ne pouvez pas savoir, vous ne saurez jamais quelle lutte j'ai subie avec moi-même, quel effort il m'a fallu pour oublier le passé, les hontes et les déchirements d'autrefois, toutes les blessures, dont mon cœur, mon orgueil, ma dignité, mon amour saignent encore.

Que m'importe l'opinion des hommes, le mépris dédaigneux que leur inspirera ma faiblesse, les railleries stupides dont ils m'accableront!

Oui, je suis un lâche, car, malgré tout,

je vous aime, ainsi qu'au premier jour; et vivre loin de vous est un si grand malheur, une telle torture, que je ne puis l'accepter.

Et pourquoi l'accepterai-je d'ailleurs?

Que m'importe l'opinion et le mépris ou le respect de mes semblables?

Le monde entier, c'est vous.

Ah! Lucienne, si vous saviez comme les sceptiques, tels que moi, savent aimer et souffrir de leur amour trompé, et combien l'oubli leur est difficile, presque impossible!

Si vous rejetez ma prière, je suis perdu. J'ai assez souffert, grâce à vous, je vous jure qu'il faudrait avoir pitié de ceux qui aiment ainsi.

Hélas! comment vous persuader et comment vous convaincre?

Je ne trouve point les paroles émues et passionnées qui éveilleraient peut-être un écho de tendresse dans votre âme muette. Je ne sais que souffrir et désespérer, je ne sais que penser à mon bonheur perdu; je ne puis vous dire qu'une chose :

Jamais femme n'a été aimée d'un amour plus profond, d'une tendresse plus émue, jamais personne ne vous aimera ainsi. Votre chère image me poursuit et me hante à toute heure, comme le spectre vivant de ma jeunesse envolée et du bonheur perdu.

Cette nuit, je vous ai vue en rêve : vous aviez retrouvé votre grâce de vingt ans, mais une grande douleur semblait vous accabler et vous me regardiez avec une tristesse navrante. Des larmes, de purs diamants, remplissaient vos beaux yeux, et ce fut pour moi une surprise si poignante, un attendrissement si cruel, de vous voir malheureuse, vous qui ne pleurez jamais, que je me réveillai en sursaut.

Hélas! c'était sur mon visage que ruisselaient les larmes amères et stériles de ceux dont le chagrin ne s'endort pas, même dans le sommeil; c'était moi qui étouffais sous le hoquet des sanglots, symbole frappant de notre destinée à tous deux.

Ah! Lucienne, Lucienne, n'aurez-vous point pitié de moi? Ne me comprendrez-vous jamais?

Hélas! comment vous dire ce que j'implore, ce que j'espère de vous?

Mais il faut pourtant avoir le courage de vous dire la vérité, quel projet téméraire est né en moi et me pousse à vous écrire cette lettre.

Ne parlons plus du passé : quel qu'il soit, nous devons l'accepter.

Eh bien! écoutez-moi :

La destinée vous condamne désormais aux amours mensongers, elle vous oblige sans doute à subir les caresses de plus d'un homme qui vous inspire de la répulsion, parfois de la haine. Car c'est là votre châtiment, pauvres créatures tombées, presque toujours vous plaisez à ceux que vous n'aimez pas et dont vous n'avez pourtant pas le droit de dédaigner l'amour brutal et exigeant, car il faut bien vivre.

Je vous en supplie, Lucienne, pardonnez-moi l'audace de ces paroles, n'y voyez que l'aveu désespéré d'un cœur éperdu de détresse et d'amour et non pas l'intention méchante de vous traiter en courtisane et en fille perdue : ce serait une revanche indigne de moi, je vous le jure, et à laquelle je ne songe certes point.

Tout nous sépare, car vous ne m'avez

jamais aimé, je le sais, et mon pardon, si j'avais la folie de pardonner encore, serait aussi inutile qu'odieux : le passé est bien mort, mais je vous aime, hélas! avec mon cœur ancien et une vie nouvelle peut commencer pour nous deux.

Oubliez que j'ai été votre mari, oubliez tous les souvenirs qui nous unissent et nous séparent à la fois; ne voyez en moi qu'un passant quelconque, un inconnu, un indifférent riche, profondément épris de vous et qui, après bien des hésitations, ose vous avouer son amour.

Vous ne pouvez plus être ma femme, devenez ma maîtresse!

Si vous saviez dans quelle atmosphère de tendresse, d'amour, de dévouement, d'immense et passionnée affection vous vivriez près de moi?

Personne, vous dis-je, ne vous aimera ainsi. Et puis, vous serez libre, vous pourrez me quitter quand vous voudrez.

Les unions comme celle-là n'ont-elles pas surtout le charme de leur brièveté éphémère? Mais je suis sûr que vous n'aurez plus le courage de détruire une seconde fois votre bonheur et le mien, car nous pouvons être heureux encore et malgré tout.

Ne suis-je pas riche, jeune encore, plus intelligent, certes, que les fats qui vous entourent?

Dites un mot et ma fortune est à vos pieds; dites un mot et je ferai de vous la plus aimée, la plus heureuse, la plus riche, la plus adulée des maîtresses; dites un mot et, comme autrefois, ma vie vous appartient.

C'est une idée malsaine et folle, peut-être : qu'importe, si elle nous sauve tous les deux! Car là seulement est le salut, crois-moi, ma bien-aimée, là, dans le passé recommençant, quand tout semblait changé, détruit et disparu, et que vraiment il n'en reste plus rien.

. . . .

Que vous répondre, mon ami, et comment vous exprimer la profonde et douloureuse tristesse que me cause votre lettre?

C'est donc vrai, vous m'aimez encore, malgré tout, et rien ne pourra anéantir en vous cet amour sans espoir, sans avenir, sans une promesse de bonheur possible?

Croyez-le bien, il n'y a dans cette constatation flatteuse pour mon amour-propre, ni fatuité, ni orgueil, ni désir puéril d'un triomphe facile. Si vous saviez combien tous ces mobiles qui dirigent la plupart des existences féminines me sont devenus étrangers, presque incompréhensibles.

Dans mon existence dévoyée, gâchée à jamais par cet instinct mystérieux et mauvais qui m'a poussée au vice grossier de l'adultère, à la recherche imprudente de sensations dangereuses et nouvelles, par cet esprit du mal que je sens en moi, qui m'a toujours soufflé les paroles empoisonnées de révolte et de haine, car je suis surtout une révoltée, — et vous le savez bien — dans ma vie méprisable et que je condamne plus sévèrement que personne, car, souvent, le mal que j'ai fait malgré ma volonté, sans le vouloir, sans pouvoir résister à la tentation, toutes les douleurs, toutes les ruines dont je suis cause m'épouvantent — il y a dans ma vie une vertu, un souvenir lumineux qui, plus tard, plaidera ma défense, j'en suis sûr, quand je ne serai plus là et que mon souvenir, idéalisé par l'absence éternelle, restera seul à ceux qui m'ont aimée.

Je n'ai jamais menti, l'hypocrisie, la duplicité m'ont toujours répugné comme une vilenie. Le jour où dans mon cœur désabusé avant d'avoir vécu, avide de sensations inéprouvées, et n'y trouvant jamais le bonheur attendu, est apparu ce que j'ai cru de l'amour pour l'homme qui m'a perdu, je n'ai même pas essayé de jouer cette comédie de l'adultère si familière à celles qui furent autrefois les femmes de mon monde, j'ai préféré toutes les hontes d'un scandale public, d'une déchéance irrémédiable à l'ignoble et mesquine trahison de tous les jours et de tous les instants dont est faite la vie des pécheresses vulgaires. Aujourd'hui que rien ne pourra nous rendre notre bonheur perdu, croyez-vous que j'aurai le triste courage de mentir pour un morceau de pain? Car, je l'avoue, hélas! l'épouvantable, la dégradante misère des courtisanes me menace déjà, et certes, devenir la maîtresse d'un homme tel que vous, serait pour toute autre déclassée une aubaine inespérée, mais, mes ennemis ont beau dire, je ne suis pas de la race de ces drôlesses, pas plus que je ne ressemble d'ailleurs aux femmes du milieu social dans lequel je suis née : être et se sentir une créature différente, n'est-ce point le plus grand malheur qui puisse atteindre un être humain, la tare originelle qui vous condamne à la haine des sots, à la persécution de la destinée, au mécontentement perpétuel de soi-même et de l'existence? J'ai peut-être eu trop jeune une vision trop entière et trop pure de la justice et de la beauté, j'ai peut-être compris trop tôt l'irrémédiable disproportion de nos rêves et de la réalité : de là sans doute cette amertume qui me ronge le cœur depuis mon enfance, qui se manifeste dans ces instincts redoutables de destruction et de haine. Oui, je hais la vie, je hais les hommes, leurs mensonges, leurs cruautés et leurs lâchetés infâmes; oui, mon cœur déborde de fiel et de rancune, et cependant qui sait?...

Ma haine n'est peut-être qu'un immense besoin d'aimer. C'est parce que je n'ai pas trouvé, dans le monde régulier et respecté des heureux, la vérité, l'amour et la bonté que mon âme cherche depuis qu'elle existe d'une vie consciente, c'est pour cela peut-être que dans un moment de révolte suprême j'ai commis la faute qui a brisé et dévoyé ma vie...

D'ailleurs, il est possible que j'idéalise cette faute, tout cela n'est peut-être que vanité et mensonge inventés par ce besoin instinctif d'idéaliser leur chute qui tourmente les créatures avilies; il se peut que je ne sois qu'une prostituée vulgaire, ayant cédé à des appétits grossiers de débauche et de vices.

Vraiment, mon pauvre ami, je ne sais que vous dire, j'apparais à mes propres yeux comme une de ces créatures mystérieuses qui traversent la vie, incomprises des autres, incompréhensibles à elles-mêmes. Je ne sais pas lire dans mon âme obscure; les mobiles de la plupart de mes actions, même des plus décisives, de celles qui ont bouleversé mon existence, m'échappent à moi-même. Suis-je un monstre ou simplement une pauvre petite créature, dévoyée et malheureuse, qu'un rayon d'amour sincère apparaissant dans sa jeunesse eût régénérée et sauvée? Suis-je bonne ou méchante, cruelle ou charitable?

Serai-je capable de commettre un crime odieux, mais aussi un de ces actes de dévouement admirable qui rachètent le plus triste passé?

Je ne sais...

Les deux suppositions ont leur raison d'être, des chances égales de devenir une réalité.

Ah! si je pouvais aimer!

Ah! le jour où j'aimerai pour de bon, de toute mon âme, de tout mon esprit, de toutes les forces encore vierges de mon être moral, comme tout changera en moi, comme mon cœur ancien renaîtra bientôt des ruines du passé, comme ma vie renouvelée s'acheminera rapidement vers un but nouveau!

Mais il faut d'abord que l'amour surgisse dans cette existence déserte, et encore une fois, pour mon malheur, je ne sais pas mentir.

Oui, tout mon être aspire vers ce sentiment éternel et divin sans lequel il n'est point de bonheur, point de dignité ni de vertu possible. Et cependant les années passent, mornes et désolées, sans que le passant si longtemps attendu apparaisse sur ma route d'exil.

Non, je n'aime personne, je n'ai jamais aimé... et peut-être ne connaîtrai-je jamais l'immense douceur du sacrifice et de l'abnégation, l'immense joie de vivre de la vie d'un autre être, de pouvoir enfin se départir de soi-même...

Il fallait vous aimer, vous, si bon, si dévoué, si différent, vous aussi, des méchants et des sots parmi lesquels j'ai vécu. Personne plus que vous n'était digne de m'inspirer l'affection que j'appelle en vain, je le sais, je le sens bien, mon pauvre, mon cher ami, et cependant je ne vous aime pas, je ne peux pas vous aimer, je ne sais quel abîme nous sépare pour toujours.

Vous me pardonneriez, vous me rendriez votre nom, votre affection, la situation que j'occupais autrefois dans le monde, que je ne pourrais pas vaincre mon invincible indifférence.

Oui, même comblée de vos bienfaits, je ne pourrais vous aimer.

Dans mon âme dévorée par le doute, elle aussi, car, comme vous, je n'ai pu conserver parmi tant d'aspirations une seule certitude et c'est en vain que je cherche le mot de l'énigme, le sens de la vie que le devoir n'a pu m'apprendre et le vice encore moins; dans mon âme fatiguée et meurtrie par un scepticisme parent du vôtre, paradoxe audacieux et qui vous indignera sans doute; dans mon âme et dans mon esprit je cherche en vain une étincelle de sympathie pour vous.

Tout ce qui devrait m'attirer vers l'homme qui m'a donné tant de preuves d'un amour profond et sincère, votre douceur, votre éclectisme, vos incertitudes perpétuelles, votre ironie doucereuse, tout enfin m'est haïssable et odieux.

Je sais bien que je vous cause une douleur atroce en vous parlant ainsi, mais ai-je le droit de mentir?

Du respect, de l'estime, de la pitié et un remords affreux d'avoir brisé votre vie, voilà tout ce que je trouve en moi pour l'homme dont la générosité, l'infortune, l'amour immense, obstiné et silencieux, m'épouvante...

Hélas!...

Vous aimer, obtenir et mériter votre pardon, chercher et trouver dans une vie commune, dans une vie nouvelle l'oubli et le pardon du passé, la rédemption espérée et promise, oui, là est le salut, là seulement : vous avez cent fois raison, mais je ne vous aime pas. Ma main tremblante n'a pas le courage de tracer ce pieux mensonge, ce mensonge mille fois désirable.

Pourquoi aime-t-on?

Pourquoi n'est-on pas aimé?

Quel instinct tout-puissant et mystérieux à la fois nous attire-t-il vers un être humain? Quelle répulsion inexplicable nous en éloigne parfois?

Qu'est-ce que l'amour ou la haine, l'infortune ou le bonheur? Pourquoi tout réussit-il à certaines créatures? et pourquoi les meilleurs, les plus dignes d'être heureux, respectés et aimés, sont-ils voués à la ruine fatale de leurs espérances et de leurs rêves, à une solitude morale éternelle, à la douleur, entre toutes cruelle, de vivre méconnus?...

Non, non, mon pauvre ami, je ne puis vous aimer, je ne vous aimerai jamais, ni comme époux, ni comme amant.

. . . .

Et maintenant, si malgré tout, malgré la perte définitive de vos dernières illusions, si le désir charnel est plus fort en vous que la douleur, le désespoir et le mépris, si vous persistez à me vouloir pour maîtresse en sachant cependant que je n'aurai ni la force ni le courage de jouer la comédie d'un repentir factice et d'un amour absent, si vous consentez à ne trouver en moi qu'une maîtresse vulgaire dont le corps, la beauté et les froides caresses vous appartiendront, car vous en aurez été l'acquéreur le plus riche, dites-le-moi. Je vous appartiendrai encore, je vous le jure; — ne suis-je pas à vendre? Vous ou un autre, que m'importe!

Et si vous souffrez plus cruellement encore que par le passé dans cette existence nouvelle, — ah! les tristes amants! et dans quelle boue finira notre bel amour d'autrefois? J'en suis désespérée, moi que rien ne peut émouvoir ni attendrir, — tant pis, c'est bien vous qui l'aurez voulu.

. . . .

Oui, certes, la souffrance que j'ai éprouvée en lisant votre lettre est à nulle autre pareille, aucune parole ne saurait vous la peindre, et je n'essaierai même point d'en parler. A quoi bon?

Vous savez combien je vous ai aimée,

et quelle plaie inguérissable votre cruel aveu ravive dans mon âme...

Je vous remercie néanmoins, car la victime doit reconnaissance au bourreau qui, pouvant la torturer lentement, la frappe au cœur d'un seul coup.

Oui, plus j'y réfléchis, malgré le désespoir qui m'accable, plus j'apprécie ce qu'il y a de loyal dans votre cruauté. Elle me permet de lire clairement en moi-même; elle me permet de connaître l'immensité de l'amour sans espoir qui désole ma vie, que rien ne pourra arracher de mon âme.

Vous ne m'aimez pas, vous ne m'avez jamais aimé : impitoyable vérité qui explique tout le drame de notre rupture, toute l'ignominie de votre trahison; vérité pressentie vaguement, hélas! par le malheureux qui vous adore encore. Oui, même au temps lointain — combien pleuré, hélas! et que ne donnerai-je point pour qu'il revienne et renaisse — au temps de nos fiançailles et de ce que les gens appellent la lune de miel, même alors je sentais, je pressentais plutôt votre antipathie invincible et innée, le désaccord inéluctable que la nature a créé entre nous, — oui, à travers vos réticences, malgré la pâle comédie d'une affection naissante, que vous jouiez par pur respect humain, sans doute, dans les phrases passives et glaciales que mes effusions de tendresse exagérée vous arrachaient parfois, je devinais l'indifférence profonde que vous ne cachez plus, hélas! qui est même devenue de l'aversion et de la haine.

Oui, car vous me haïssez, vous ne me le dites pas dans votre impitoyable réponse, mais je l'ai deviné.

Pourquoi, mon Dieu, pourquoi?

Et quelle fatalité m'oblige-t-elle à être détesté de ceux pour l'affection desquels je donnerais ma vie?

Mais encore une fois, que m'importe!

Haï, méprisé, méconnu, bafoué, j'ai enfin le courage d'avouer ma faiblesse, de vous crier désespérément : Je vous aime malgré tout et plus que jamais, et je ne puis cesser d'aimer.

Le monde visible que nos sens perçoivent et le monde intérieur qui palpite en nos âmes, toutes les croyances et toutes les certitudes humaines ne sont peut-être que de vaines et décevantes images, fantômes d'un instant, sans consistance et sans réalité; mais mon amour existe, lui, j'en suis sûr, personne n'ose la nier, cette puissance mystérieuse et invincible, le doute lui-même ne l'atteint pas, la terrible et divine passion.

Je puis douter de l'existence même de mon âme périssable et fragile; je ne puis douter du sentiment tout-puissant et vainqueur qui la remplit et la divinise en la martyrisant. Aussi, plus d'hésitations, plus de doutes, plus de scrupules. Vous qui me haïssez, je vous aime. Vous êtes tout pour moi : la vie, la lumière, la force, l'espérance, la joie, tout ce qui nous permet de mener jusqu'à la fin le pèlerinage de vivre. Loin de vous il n'y a que désespoir, misère et regrets éternels.

Chacune de mes pensées vole vers vous, chaque battement de mon cœur me semble oppressé par la douleur de vous avoir perdue. Chaque heure de ma vie est hantée par votre image et par votre souvenir. Votre absence couvre le monde entier d'un noir suaire de deuil et d'ennui. Je ne pense qu'à vous, je n'envie que le sort de ceux qui vous voient, vous approchent et vous parlent; je n'espère qu'en la joie de vous reconquérir, la beauté ne m'apparaît que sous le radieux symbole de vos traits adorables, l'espérance pour moi n'a plus qu'un nom, ce nom est le vôtre, le tien, Lucienne.

Ah! comme je vous aime, comme je vous aime! et combien tout-puissant est le pouvoir d'aimer! Ma vie vous appartient, je vous le dis encore une fois; disposez de mon honneur et de ma fortune; achevez votre œuvre; déshonorez-moi aux yeux de tous; que ma folie, aux yeux du monde, soit complète et inguérissable.

Mais ayez pitié de moi, Lucienne!

Songez à ce que j'ai dû souffrir avant de trouver le courage nécessaire pour formuler un tel aveu. Songez que votre réponse sera pour moi un arrêt de vie ou de mort. Si vous avoir aimée est un crime, je l'ai assez expié. J'accepte vos conditions, quelles qu'elles soient.

. . . .

Je vous attendrai chez moi, ami, ce soir, à dix heures.

. . . .

C'est ce soir, en arrivant au rendez-vous, à l'heure fixée par Lucienne, que j'ai appris son départ pour la Russie. Elle vient de partir à l'improviste avec son amant, le prince Garine, sans me laisser un mot, sans m'écrire une lettre. Rien ! la rupture la plus brutale, la plus cruelle, la plus définitive, dans sa raillerie ignoble.

Ah! pauvre fou!... Ah! la misérable!

. . . .

Eh bien ! non, je ne me tuerai pas

pour cette créature. Elle rirait trop en apprenant mon suicide; les crapules et les sots se réjouiraient trop bruyamment, en se disant :

— Il est mort de dépit, parce que sa prostituée de femme n'en a pas voulu pour amant.

Non, non, ils n'auront pas cette joie. Cette misérable est morte pour moi, — comment ai-je pu l'aimer, être aveugle et lâche à ce point! — je la hais, maintenant. — Ah! cette fois, je suis vraiment guéri. — Je le veux, il le faut.

DEUXIÈME PARTIE

I

Quand j'essaie de m'expliquer les événements de cette année qui vient de s'écouler, lente et longue, comme un siècle, d'analyser les mobiles de ma conduite, une stupéfaction profonde me pénètre, notre impuissance à nous gouverner, à nous comprendre, l'illogisme éternel de notre âme m'épouvante.

Hélas! chacun de nous est donc capable du crime le plus odieux, de la plus irréparable folie, et de la folie (la moins conforme à son caractère, à son passé, à son tempérament.

Tout en nous n'est donc vraiment que mystère et contradiction?

Mon cas cependant est plus compréhensible que bien d'autres, ce qui m'a poussé à la révolte et à la négation, c'est évidemment un excès de souffrance personnelle, un désir fou, si humain cependant, de renier, d'insulter les croyances de ceux qui avaient impitoyablement brisé et anéanti les miennes, l'instinct de destruction des désespérés n'ayant plus rien à perdre et désireux d'obtenir une revanche, quelle qu'elle soit, sur le sort et sur les hommes.

Ah!. on avait raillé sans pitié mes doutes perpétuels, mon scepticisme, mon souci de justice, d'impartialité et de vérité. — Ah! mon désir de découvrir une part de vérité dans les doctrines les plus dissemblables, une part de dignité dans les façons les plus contradictoires de comprendre la vie, mon refus de partager toutes les haines aveugles de race et de parti, tous mes principes de pyrrhonien égaré dans une société, ayant perdu toute croyance et tout respect des opinions d'autrui, avaient été qualifiés de lâcheté et de couardise et, dans ma vie privée, tous ceux que j'avais aimés, d'un amour si pur et si humble, — oui, si pur, puisqu'il était fait de pardon et d'indulgence, — tous m'avaient méconnu et trahi, trahi et bafoué, — eh bien ! avant de finir l'inepte comédie de la vie, avant de disparaître à jamais, j'aurai eu du moins la joie mauvaise de rendre à mes ennemis insulte pour insulte, de leur cracher à la face mon mépris et ma haine...

Ah! seuls les sectaires féroces ou les négateurs ineptes avaient chance de réussir, de vivre respectés et heureux — eh bien! j'allais montrer à mes contemporains combien facile à suivre me semblait leur exemple.

Toutes ces croyances, auxquelles, par hypocrisie, nécessité ou aveuglement, ils ajoutent encore foi et dont j'avais commis le crime de douter, soulevant ainsi tant d'indignation à la fois fausse et sincère, comme j'allais les nier à présent, sans hésitations, sans scrupules, pour le seul plaisir d'indigner l'ignoble race de mes semblables, de me mettre à leur niveau, d'exciter, non plus leur pitié dédaigneuse et narquoise, mais leur indignation et leur haine.

Ah! voir la rage d'un ennemi, le voir bondir de colère sous le soufflet d'un affront, n'est-ce pas une volupté, et mes ennemis désormais n'est-ce plus le monde entier? N'ont-ils pas tous contribué à ma souffrance? Quelqu'un a-t-il eu pitié de ma détresse?

Ne pouvant exercer une influence quelconque comme écrivain, comme penseur, que dans les limites restreintes de mon pays natal, ne pouvant d'ailleurs frapper et atteindre mes compatriotes, que dans leurs convictions abstraites, religieuses, politiques et sociales, je résolus de retourner au pays, d'y recommencer ma carrière littéraire d'autrefois, carrière commencée avec un si bel élan vers le bien et le vrai, avec tant de belles espérances détruites pour toujours, continuée maintenant dans un esprit de vengeance et de mal.

En étudiant attentivement la vie des grands négateurs et des grands révolutionnaires, auxquels je n'ai certes pas la sottise de m'assimiler, on y trouverait, presque toujours, j'en suis sûr, une grande douleur vaincue, mais non pas apaisée, une aspiration ardente vers la tendresse et la foi, aspiration qui n'est devenue une négation brutale, volontairement blasphématoire, qu'à la suite d'un de ces drames de l'âme, d'une de ces catastrophes morales qui bouleversent une destinée, ne laissant plus dans le cœur meurtri que le besoin invincible d'une revanche. Une trop grande violence dans la misanthropie, la négation et le blasphème résonne toujours à mes oreilles comme un sanglot étouffé et c'est vraiment une pitié sincère que m'inspirent les malheureux dont la vie s'est passée à faire souffrir leurs semblables — avec quels remords souvent — à renier et à nier toutes les croyances humaines, avec quelle inquiétude sourde sans doute, à la pensée qu'ils insultent peut-être une réalité !

Et cependant, puis-je dire que j'absous ma conduite, que je ne rougis point de ce passé ?

Certes, non. Je fus coupable et maintenant que la douleur sans remède a purifié mon âme, je ne cherche pas à me disculper à mes propres yeux : j'explique le passé, voilà tout, je ne l'absous point ; car désirer le mal pour le mal, commettre une action dont le seul but est de faire souffrir, fût-ce d'une souffrance intellectuelle, un de nos semblables, fût-il le plus misérable des êtres, une telle action est condamnable, même pour le philosophe délivré de tous préjugés et de toute préoccupation utilitaire.

Et, cependant, il faut bien l'avouer, ma vie tout entière, durant cette année néfaste où je ne sais quelle folie dissimulée sous un sourire mensonger me brûlait le cœur, ma vie tout entière n'a été composée que de ces inutiles et regrettables bravades...

Oui, plus j'y songe, plus je regrette mon attitude agressive, les colères sans fin que mes actions et mes paroles ont excitées, le trouble qu'elles ont pu jeter dans quelques âmes sincères, les froissements profonds qu'ont subis, grâce à moi, quelques croyants respectables et sincères, à la foi ombrageuse. Et ceux dont la foi n'était que chancelante et auxquels j'ai ravi cette consolation, ce soutien, cette richesse inappréciable et suprême ! Quel crime superflu et indigne de moi !

Mais, quand je songe à la haine insensée, à la rage folle que j'ai su éveiller chez tous les sots, chez tous les pharisiens et les méchants de là-bas, il me semble éprouver encore l'âpre plaisir d'autrefois : être haï par ceux que l'on méprise ou même par ceux que l'on respecte, se sentir vraiment méconnu, accablé et maudit, est une joie maladive, aux allures byronniennes bien surannées, sans doute; mais qu'importe? La haine vaut encore mieux que l'indifférence dédaigneuse...

Mes compatriotes sont des catholiques fervents; j'affichais dans mon journal, ce journal ennuyeux et indigeste, comme tous ceux de ce malheureux pays, et qui est devenu, depuis que, non content d'en être le propriétaire toujours absent, j'en ai repris la rédaction en chef, le point de mire de toute une ville, l'objet des attaques et des invectives de toute une population : j'affichais les théories les plus grossières de matérialisme absolu, m'attaquant au clergé, à la tradition religieuse, si vivace et si profonde dans la race slave, à l'esprit même de l'Église romaine. Une animosité sourde subsiste, malgré tout, dans cette nation abattue, contre les vainqueurs qui se partagèrent il y a un siècle la patrie agonisante ; un chauvinisme absolu y est un article de foi presque obligatoire pour tout galant homme. Dans mes écrits et de vive voix, à toute occasion, je me mis à prôner le cosmopolitisme comme forme suprême de civilisation et de haute culture, comme l'idéal à poursuivre et à atteindre, froissant ainsi, d'une façon inévitable, les préjugés les plus sacrés d'une nation malheureuse, soulevant des tempêtes de protestations et de ripostes indignées.

Mon vieil ami Darski, toujours agonisant, mais qui agonisera pendant vingt ans encore, que j'ai fait venir de Paris, qui est devenu mon collaborateur le plus dévoué et le plus précieux, a su grouper autour de moi cette petite coterie de jeunesse intransigeante et imbue d'idées évolutionnistes mal digérées, qui constitua autrefois le parti, à peu près disparu maintenant, des positivistes varsoviens ; je pris une sorte de malin plaisir à braver, avec l'aide active et aveugle de mes rédacteurs, l'opinion publique jusque dans des vétilles, affichant le mépris absolu des vieilles coutumes nationales, préconisant les théories les plus ineptes, les plus radicales, pourvu qu'elles pussent choquer et déplaire : émancipation de la femme, haine aveugle du capital, antisémitisme, etc.

Pour une année, les ardentes et belles

polémiques du temps de la *Revue de la Semaine,* cet organe remarquable qui joua un rôle si considérable dans l'histoire du développement de la pensée slave contemporaine, ressuscitèrent des cendres du passé ; en six mois, l'obscur journal, que j'avais acheté autrefois par désœuvrement de dilettante riche, parvint au tirage des gazettes polonaises les plus répandues. Combien d'âmes, distinguées d'ailleurs, eussent oublié, dans ce triomphe directorial, tous leurs malheurs intimes, toutes leurs catastrophes sentimentales! Malheureusement ou heureusement pour moi, la vanité, le souci de l'opinion des étrangers et de la foule, la mesquine préoccupation du succès, même lorsque je l'eus atteint, cette fois-là, ne m'ont jamais apparu, non seulement comme un but digne de moi, mais même comme une consolation, une joie passagère vraiment désirable.

Le doute — la maladie du siècle — ah ! les grandes phrases mensongères, emphatiques, exagérées ! Car, enfin — et cette consolation est plus triste peut-être que le mal lui-même — combien parmi nous ne la soupçonneront jamais, la sublime et angoissante torture !

En bas, la foule, la masse, le peuple, ceux qui vivent dans un engourdissement perpétuel de la pensée, étrangers à nos joies, à nos peines, à nos aspirations, à notre formidable et subtile civilisation, à tout le luxe de plaisirs matériels et de douleurs raffinées qui poétisent et ennoblissent la brutalité d'exister ; la foule qui ne comprendrait même pas le sujet de nos peines, qui qualifie d'insensé celui qui dirait comme moi : le monde où nous vivons est le rêve d'un rêve, et je souffre de ne pouvoir ni connaître ni aimer les fantômes qui s'y agitent dans l'ombre ; la foule dont l'ignorance obstinée et placide, malgré tout, reste digne de pitié, car elle confine de si près à la résignation.

Mais chez les oisifs, quelle pitoyable sérénité dans les croyances les plus ineptes, les plus sangrenues et les plus enfantines ! Étudiez l'histoire au jour le jour de tous les temps et de tous les pays; étudiez même le roman des mœurs contemporaines, allez dans le monde, même dans le monde aristocratique, le seul vrai et le seul possible d'ailleurs, car il garde tout de même une certaine allure, un certain sens des élégances de la vie, vous serez stupéfait et navré de la puérilité des idées et des sentiments qui y règnent, du vide effroyable des passions qui l'agitent, mais surtout de l'assurance imperturbable avec laquelle les gens de cette caste érigent en principes immuables d'honneur et de bon goût les préjugés les plus futiles et les usages de bienséance les plus superflus ; songez que pour eux un homme de génie est profondément méprisable, s'il ne sait pas entrer dans un salon ou nouer, selon la mode du jour, le nœud de sa cravate ; songez que déroger aux convenances les plus arbitrairement établies passe aux yeux des mondains pour un crime mille fois plus odieux que la plus grande vilenie morale, et vous vous demanderez avec tristesse : où donc ces bienheureux indigents intellectuels trouvent-ils l'extraordinaire faculté de croire en leur propre sagesse, en la haute valeur du code moral qu'ils ont imaginé, qui varie de forme sans changer sensiblement de fond et d'après lequel ils jugent avec une impertinence et une sottise touchante tous les phénomènes mystérieux, innombrables et si compliqués, si simples pour eux, dont la vie de l'univers et la vie de l'homme se composent?

Mais le plus pitoyable spectacle d'outrecuidance et d'aveuglement, c'est encore le monde des élus qui nous le donne, oui, les élus de l'esprit, le monde des penseurs, des créateurs, de ceux qui vivent d'une vie supérieure et qui devraient planer, semble-t-il, au-dessus des mesquines passions humaines.

Il n'en est rien pourtant. Et quelle tristesse lorsqu'on songe que le plus grand génie, par l'essence même de sa supériorité intellectuelle, est injuste et borné, lorsqu'on songe que depuis la naissance des arts et des lettres chaque école a cru sincèrement posséder l'absolu, les règles immuables du beau, le secret de la création esthétique, le code infaillible des jouissances intellectuelles, en dehors duquel il n'y a qu'hérésie et mensonge, lorsqu'on songe que jusqu'à présent des esprits cultivés osent dire : ceci est beau, ceci est de l'art, — et cela n'en est point, — sans se douter du navrant ridicule de pareils propos, lorsqu'on songe que d'excellents niais accusent d'impuissance et de folie la critique subjective, celle qui, vraiment imbue d'un esprit philosophique, a pris pour devise la maxime si évidente et si simple de la relativité de toutes choses, donc de la légitimité de toute forme d'art, chacune répondant au tempérament national ou individuel qui l'a créée, aucune ne pouvant, hélas ! réaliser l'absolu, — l'absolu n'existant pas, quand il s'agit de choses humaines.

C'est sans doute un enfantillage ridicule, mais quand je vois un grand poète, un grand artiste, un de ceux dont le vaste et lumineux génie comprend et exprime l'immense univers, le néant et le mystère de la vie, quand je le vois tout à coup, dès qu'il s'agit d'un rival ou d'un confrère, se mettre à condamner son œuvre avec la jalousie d'un épicier haïssant son voisin, avec l'âpreté hautaine d'un sage possédant l'impeccable vérité, je désespère de notre race humaine; je me dis malgré moi : Si ceux-là aussi sont aveugles et infatués d'eux-mêmes au point de se croire infaillibles, où trouver un peu de justice, d'impartialité, de modestie philosophique, je parle de celle qui faisait dire au grand écrivain d'un autre âge le légendaire « Que sais-je ? » seule formule applicable à n'importe quel jugement, en n'importe quelle matière?

Et c'est pourquoi, peut-être, le monde des gens de lettres, — avec leur insupportable assurance, leur fatuité gigantesque, leurs rivalités féroces, avec leurs luttes grossières de romantiques contre classiques, de naturalistes contre idéalistes, aujourd'hui de décadents symbolistes contre tout ce qui les a précédés, — m'est presque aussi insupportable que l'insipide milieu mondain.

Oui, la vie n'est que le rêve d'un rêve, un poète l'a dit, et cette image exprime tout. Mais qu'importe, pour la plupart des hommes, si ce rêve est la réalité! s'ils tressaillent d'admiration, de bonheur et de joie, en contemplant les fantômes qui hantent le songe de la vie!

Certes, l'objection est sérieuse, mais pour ceux qui vécurent, en sachant que le monde et les êtres autour d'eux ne sont que vaines apparences, écloses dans l'atmosphère chimérique du songe, pour ceux-là, à chaque instant, quelle angoisse, quel désenchantement, quelle aspiration désespérée vers l'insaisissable réalité,... et un désastre moral, parce qu'il ne frappe que les âmes d'élite d'une génération, en est-il pour cela moins atroce et moins digne de pitié? Et puis, qui sait? pour plus d'une âme vulgaire, le réveil arrive peut-être aussi, et quelle détresse cela doit être, pour ces âmes simples, perdant tout à la fois, combien les ténèbres du doute doivent leur sembler compactes! Et quelle tragédie muette que l'agonie de toute certitude, dans une intelligence incapable de concevoir jusqu'à la notion du doute! Aux heures de tristesse et de découragement, je relis lentement l'œuvre admirable du plus grand penseur, du plus grand écrivain, du plus grand analyste du siècle, M. Taine, le génial créateur de la critique moderne dont, malgré la réaction prodigieuse de mysticisme qui marque cette fin de siècle, le génie subsiste intact, merveilleux et indiscuté, car jamais l'esprit scientifique, certain d'avoir vaincu le doute et élucidé le grand problème, n'aura trouvé un défenseur plus éloquent, plus digne de gagner une cause perdue d'avance. Quelle est la science, sa méthode et son but?

Ramener l'innombrable quantité de phénomènes dont l'univers se compose, aux quelques lois qui en expliquent la formation et le fonctionnement, voilà tout.

Supposons que ce travail de simplification soit fait pour toutes les sciences. A l'instant l'univers, tel que nous le voyons, disparaît; les faits se sont réduits, les formules les ont remplacées ; seules cinq ou six propositions générales subsistent. Nous attachons nos yeux sur ces définitions souveraines ; nous contemplons ces créatures immortelles, seules stables à travers l'infinité du temps qui déploie et détruit leurs œuvres.

Nous osons davantage : considérant qu'elles sont plusieurs et qu'elles sont des faits comme les autres, nous y apercevons et nous en dégageons, par la même méthode que chez les autres, le fait primitif et unique d'où elles se déduisent et qui les engendre. Nous découvrons l'unité de l'univers, — l'objet final de la science est cette Loi suprême, — et celui qui d'un élan pourrait se transporter dans son sein, y verrait, comme d'une source, se dérouler le torrent éternel des événements et la mer infinie des choses.

Eh bien! non; et la promesse donnée à l'esprit humain par cette méthode scientifique, qui règne sur le monde en despote orgueilleux, malgré l'éclat incomparable dont le revêt à nos yeux le génie du grand homme auquel ma jeunesse studieuse est redevable de ses joies littéraires les plus intenses ; cette promesse est fallacieuse, et sa réalisation elle-même ne ferait que précipiter l'âme de notre race inquiète dans un abîme de scepticisme et de découragement, plus angoissant que jamais, car, même après la découverte de la Loi suprême dont parle l'historien de l'Intelligence, — en admettant qu'elle fût possible,—le doute subsisterait, le tourment de l'aspiration métaphysique vers l'Inconnaissable Absolu ne serait point apaisé, — et une fois en possession de la Loi Primordiale qui nous donnerait le *comment* des choses, mais non le *pourquoi,* l'esprit humain se demanderait : Cette Loi elle-même a dû avoir une cause? Dans la nuit du non-être, comment apparut-elle, si l'Être sublime, tout-puissant, créateur de toutes choses, que célébraient jadis les religions d'un autre âge, ne l'a point fait naître d'une Parole divine?

Mais l'Être éternel, dont rien n'effacera en nos âmes la notion prophétique, que nous révèle à chaque heure le miracle perpétuel de la conscience humaine et que les négations du matérialisme contemporain ne peuvent même pas atteindre, mais la vision de la Sagesse divine, qui a voulu et permis en ce monde la souffrance et le mal, ne peut pas resplendir à nos regards souillés par le spectacle du monde d'ici-bas.

Et le doute, l'éternelle anxiété de l'esprit humain vivra autant que lui...

. . . .

Car nous n'avons rien inventé, rien trouvé, pas même ce tourment intellectuel du doute, cette constatation du mystère des choses et de la destinée, ce scepticisme mystique, que nous croyons tout moderne et qui est aussi vieux que notre race. Et de même que l'*Iliade*, en parlant de l'Amour aux doigts de rose, devança tous les poètes symbolistes des temps à venir, des siècles avant nous, dans une petite peuplade, dont l'histoire résume celle de l'humanité, car ce fut vraiment une race privilégiée et exceptionnelle, de pénétrants esprits philosophiques avaient deviné la relativité de tout, le néant de nos jugements, l'impossibilité où nous sommes de dire jamais : Voici la vérité, et n'importe quel collégien réduira au silence le poseur mélancolique qui croirait avoir inventé une souffrance nouvelle en lui citant les noms vénérés de Pyrrhon, de Carnéade, d'Arcésilas et de tant d'autres ancêtres inconnus des esprits contemporains les plus subtils, les plus pénétrants, les plus inquiets, des Renan, des Anatole France, des Lemaître, des Bourget...

C'est égal, les sceptiques d'autrefois savaient concilier sans doute avec plus de désinvolture et d'insouciance intellectuelle les conclusions de leur analyse métaphysique avec les nécessités de la vie quotidienne.

. . . .

Ce qu'il y a de plus exaspérant, de plus douloureux dans l'état d'âme, désespéré et morne, dont je souffre depuis de si longs jours, c'est que par moments il semble confiner à une sorte de résignation : une indifférence, qui n'est point de l'oubli, pèse sur tout mon être ; il me semble que la passion qui m'a fait commettre tant de folies et subir tant de souffrances, n'était, elle aussi, qu'une vision mensongère, un mirage passionnel sans consistance et sans réalité. Cela n'est point, cependant ; la blessure n'est certes pas guérie, elle n'est que cicatrisée, le moindre choc, la moindre égratignure peut soudain la rouvrir... Mais notre misère humaine est si grande, que la sublimité des grandes douleurs elles-mêmes ne peut être continue et sans trêve ; l'apathie, l'accalmie des moments de lassitude physique, de réaction morale inévitables, hélas ! la remplacent parfois, et après des heures de désespoir fou, où je donnerais ma vie pour revoir, ne fût-ce qu'un instant, la chère absente que je devrais haïr, j'ai des journées entières d'indifférence absolue, où il me semble que je n'ai jamais aimé l'infidèle, et où je doute même de l'amour qui a brisé et bouleversé ma vie.

Ah ! éternelle misère, éternelle incertitude humaine !

II

Les radicaux ineptes auront beau nier la suprématie de la naissance et de l'éducation, cette supériorité que donne une longue hérédité d'honorabilité, de dignité et de bien-être, existe cependant.

S'il y a des grands seigneurs plus bêtes, plus grossiers et plus méprisables que des palefreniers, combien, même parmi cette aristocratie déchue et abâtardie de notre fin de siècle, conservent encore le cachet, la haute allure, le charme indéfinissable d'un temps disparu!

Je n'ai jamais senti plus vivement cette vérité, si connue de tous, sorte de lieu commun social, qu'en pénétrant ce soir, pour la première fois depuis tant d'années, dans le salon hospitalier de la princesse Nathalie.

Rien dans ce vieil hôtel ne parle de l'immense fortune, ni de l'illustre origine de ceux qui l'habitent. Un ameublement sévère, mais quelconque, d'un style démodé point encore historique; rien dans la réception n'a l'élégance des moindres soirées dans le plus prétentieux des salons parisiens.

Je suis frappé par le nombre incalculable de parasites, gens de rien, pique-assiettes par besoin ou par vanité, qui ont toujours fourmillé chez les grands seigneurs polonais et que je retrouve ici, naturellement, immédiatement reconnaissables, malgré la livrée égalitaire du moderne habit noir.

Et cependant, malgré tout, il suffirait de la présence seule de la maîtresse de la maison, pour que chaque visiteur franchissant le seuil de cette demeure ait la sensation de se trouver dans le vrai monde, — terme mystérieux, répondant à un milieu social dont rien aujourd'hui ne trace plus les limites et les frontières, mais dont quelques salons aristocratiques, figés dans une attitude de bouderie conservatrice surannée, mais souriante, donnent une vague idée.

La princesse est bien la grande dame légendaire, affable, intelligente, d'une courtoisie exquise, d'un tact merveilleux, dont parlent un tas de romanciers idéalistes, n'ayant jamais eu sans doute l'occasion de la voir dans la réalité, mais se figurant, non sans raison, que c'est à ce modèle ideal que devrait ressembler toute véritable mondaine digne de ce nom, — type disparaissant de plus en plus dans l'invasion chaque jour plus outrecuidante de cocodettes bornées et malveillantes, dont se compose, à l'heure qu'il est, la société féminine du high life européen.

Mme Nathalie a conservé, quoique jeune encore, les charmantes traditions d'un passé mille fois préférable : d'une honnêteté au-dessus de tout soupçon, elle sait être indulgente pour les fautes d'autrui; très sincèrement croyante en matière de religion et de patriotisme, sa foi n'a jamais eu l'intolérance agressive des sectaires. Avant tout, elle a su rester femme par le charme, la simplicité, la douceur, l'urbanité, le besoin si noble de plaire, et cela sans la moindre coquetterie vulgaire.

Une vive curiosité intellectuelle lui a permis, quoique vivant dans un monde bien exclusif et bien arriéré d'aristocratie agonisante, de suivre avec intérêt, tout en la condamnant par principe, l'évolution si curieuse de l'esprit moderne; la princesse est une des femmes les plus intelligentes, les plus au courant du mouvement littéraire et artistique de ce temps-ci.

Ce n'est pas sans raison que son salon de Varsovie est devenu le centre, le camp de ralliement de tout ce que le parti conservateur de notre pays possède de gens instruits, sincères et éclairés, notabilités mondaines, célébrités de la presse conservatrice, du monde scientifique se rattachant aux vieilles traditions, tous les adversaires de mes doctrines actuelles en un mot.

Et je devine, sans peine, ce qui a pu

motiver le fait de mon invitation, car je dois être considéré ici, par tous ces raseurs solennels et dédaigneux, comme le dernier des misérables, comme un démagogue à ne pas recevoir dans l'antichambre d'une maison qui se respecte.

La princesse Nathalie a dû être émue, impressionnée par le tumulte que cause la bataille intellectuelle que j'ai provoquée : elle espère me rallier à sa cause, me convaincre, m'éclairer, me sauver.

Au silence glacial qui remplace tout à coup le brouhaha animé de tantôt, à l'hostilité à peine dissimulée de tous les assistants, au trouble profond qu'a jeté ma présence dans cette société, composée, somme toute, de gens plus ou moins bien élevés, sachant du moins dissimuler, je devine combien profonde est la haine que j'inspire aux gens de ma race et de mon pays, à quel point j'ai froissé leurs convictions les plus intimes, leurs croyances les plus chères, leurs illusions les plus essentielles...

Évidemment, pour la plupart de mes concitoyens, je ne suis qu'un misérable renégat, digne de haine et de pitié, sinon de mépris, et je n'ai jamais mieux compris quel abîme insondable s'est creusé peu à peu entre moi et le milieu où j'étais né, où j'ai grandi et vécu autrefois.

Que suis-je venu faire ici, d'ailleurs ?

Entre moi et le monde, tout n'est-il point fini ?

A quelle stupide curiosité, à quelle sotte vanité ai-je cédé, en me rendant à cette invitation ?

Ne savais-je pas que l'on ne peut accepter sans souffrir cruellement ces outrages muets, auxquels il n'y a rien à répondre, et pouvais-je m'attendre à un autre accueil ?

Tous ceux qui pensent, qui luttent, qui souffrent, ne disent-ils pas tôt ou tard un éternel adieu à la vie mondaine, faite d'oisiveté, de paresse d'esprit et de malveillance mesquine, à cette société qui n'est qu'une vaste franc-maçonnerie de futilité et de recherche du plaisir et dont la fréquentation, quelque fugitive et passagère qu'elle soit, aboutit toujours à un froissement inévitable de notre dignité, à une insulte infligée à nos affections les plus chères, à nos souvenirs intimes les plus sacrés, soudainement dévoilés par une allusion perfide ou même souvent par une attaque directe et grossière, — la méchanceté des gens du monde n'ayant d'égale que leur puérilité intellectuelle.

Être différent, n'est-ce point d'ailleurs le crime le plus irrémédiable aux yeux de tous les hommes, celui pour

LE DOUTE.

lequel il n'est point de pardon, surtout chez les gens de cette caste, encore moins chez les parasites qui singent et exagèrent leur façon d'être et de penser?

Non, décidément, la vie mondaine pour un esprit quelque peu conscient de lui-même, n'est pas une source de plaisir et d'oubli, mais d'irritation et d'ennui... il faut, autant que possible, l'éviter et la fuir... ne pas s'encanailler cependant dans le faux monde, mille fois plus atroce et plus inepte, — inexcusable celui-là, — des bourgeois, des bohèmes, des ratés, des viveurs mesquins, des faux ménages, etc.

Toutes ces pensées tourbillonnent dans ma cervelle, un peu surexcitée par l'excès d'impressions pénibles qui l'accablent, pendant que je réponds à de vagues et glaciales questions d'anciennes connaissances que je retrouve ici et qui sont bien forcées de m'adresser la parole.

La princesse est trop femme du monde, trop bien élevée, elle, pour m'accaparer aussitôt et me débiter le petit sermon que j'attends, qui est inévitable, qui se fait même bien attendre, car la soirée, assez ennuyeuse, agrémentée de la lecture d'un poème soporifique de poète-amateur, touche à sa fin ; on sert le souper vers une heure, selon la coutume slave — souper somptueux d'ailleurs, service très chic et qui ne serait déplacé nulle part, beaucoup de cachet, — et la princesse ne m'a encore rien dit...

Pourquoi m'a-t-on invité alors ?

Je n'entendrai donc pas les lieux communs que je me faisais un plaisir de prévoir à l'avance ?

Cependant, malgré l'étonnement scandalisé des assistants, c'est à moi que

Mme Nathalie offre le bras pour passer dans la salle à manger. Je vais avoir l'honneur d'être son voisin ! Allons ! c'est pour maintenant.

Erreur, encore une fois, ce n'est que tout à fait à la fin du repas que, me regardant de son regard franc, limpide et si doux dans sa gravité sincère, la princesse Nathalie m'adresse la parole au sujet de ce qui, elle le sent bien, a seul motivé ma présence ici.

— Vous savez que vous avez beaucoup de talent, que nous vous admirons tous — et bien sincèrement, — mais ce talent, pourquoi l'employez-vous si mal ? Oh ! ne craignez rien, vous n'allez pas entendre le sermon inutile et ennuyeux que vous redoutez depuis une heure ! Je n'aurai ni la sottise, ni la fatuité, de vouloir vous convertir à nos idées. Répondez seulement. Si les morts, que vous avez aimés, renaissaient à la vie, si votre mère, que vous adoriez, qui était une sainte — quelle âme, quelle intelligence, quelle bonté exquise et comme elle eût su vous consoler, vous sauver, elle ! — si votre mère, qui croyait au Dieu miséricordieux et clément de l'Église chrétienne, si votre mère apprenait quel blasphémateur, quel impie vous êtes devenu, ne souffrirait-elle pas atrocement? Et son âme invisible, présente cependant auprès de son enfant, ne souffre-t-elle pas réellement, oserez-vous affirmer que c'est impossible? N'avez-vous jamais songé à cela?

J'hésite, troublé jusqu'au fond de l'âme, et cependant il y a dans la voix émue de la princesse tant de bonté et de sympathie, que pas un instant je ne m'indigne à la pensée de cette invocation téméraire de mes plus chers souvenirs, de ceux que moi-même j'ose rarement appeler à mon aide, car trop de remords, de regrets déchirants ressuscitent avec eux.

Je sais que Mme Nathalie a toujours eu beaucoup d'estime, d'amitié sincère, pour la morte vénérée, adorée, que je pleurerai toujours. Elle seule, elle a le droit de me parler ainsi. J'aurais dû le prévoir ; mais quelle épreuve terrible !

Ah ! mes chers morts ! Ah ! le passé, si lointain, disparu à jamais !

Je balbutie avec peine quelques phrases banales sur les évolutions inévitables de la pensée humaine, sur les changements que la vie apporte dans notre façon d'envisager l'énigme du monde et de la destinée.

— Ainsi vous êtes sincère dans vos écrits et dans vos paroles ? Il n'y a point de Dieu, point de vérité absolue, point de patrie, point de morale, rien que l'instinct, la transformation lente des forces matérielles? Chimères, duperie, tout ce qui a fait pendant des siècles la consolation, le soutien, l'espérance de l'humanité?

D'une voix imperceptible, je réponds :
— Oui...
— Eh bien! non, vous n'êtes pas sincère et la violence même de vos négations trahit la détresse de votre cœur, les révoltes de votre conscience.

Les sectaires, les fanatiques, les croyants dévoyés, seuls, ont cette foi aveugle dans la force de la négation.

Votre malheur à vous, celui, hélas! de toute une génération, qui sait? peut-être celui de tout un siècle, c'est de ne pouvoir trouver nulle part la certitude que l'âme humaine réclame, sans laquelle elle ne saurait vivre, et que le doute triomphant a voilé à nos yeux; votre malheur, c'est de ne croire à rien, tout en n'osant rien nier; car, avouez-le, jamais vos blasphèmes n'eurent même le mérite de la sincérité; sceptique impénitent, comme tous ceux de votre race, vous voudriez croire et renaître à la vie, rassembler les forces de votre âme et de votre esprit dans une synthèse qui concilierait toutes les croyances et toutes les religions — chimère impossible, et vous le savez bien! — mais votre âme a désappris les croyances d'autrefois et les dogmes de la foi nouvelle ne sont pas encore formulés, ne le seront jamais peut-être, un de nos grands penseurs, le plus grand peut-être, vous le disait dernièrement dans un livre admirable!...

Bienheureux celui qui croit, du moins, à la négation qu'il formule; ainsi que les fidèles, il a son étoile qui le guide vers un combat sacré. Les malheureux, les inconsolables sont ceux qui marchent égarés dans la profonde nuit de l'incertitude humaine, sans la lumière d'un *credo* quelconque, et ceux-là, pourtant, sont souvent les meilleurs, les plus intelligents, ceux qui comprennent trop de choses, les esprits les plus hauts, les plus pénétrants, les plus épris de justice et de vérité. Mais la vérité absolue nous est inaccessible.

Croyez-moi, la foi aveugle est encore le seul salut et le seul refuge. Les vérités éternelles n'apparaîtront que plus tard, dans une vie éternelle, elle aussi...

Mais Dieu vous accordera la grâce de revenir encore en cette vie à la source intarissable de pardon et d'oubli, j'en suis sûr, car, encore une fois, vos violences, vos blasphèmes ne m'effraient point. Ce n'est que révolte passagère, mensonge volontaire d'une âme qui a trop souffert. Tout cela s'apaisera et de tant de défis jetés à la Providence, il ne vous restera que le remords d'avoir troublé quelques âmes innocentes et crédules. Je prierai pour vous, mon cher enfant.

— Merci.

Et un sanglot étouffé étrangle mes paroles.

— Merci — mais aucune prière ne peut plus me sauver, pas même celle de la chère morte, qui intercède pour moi, sans doute, auprès du Dieu dont vous me parlez. Non, non, je ne crois en rien, toute croyance est morte, j'ai trop souffert, voyez-vous...

— Tant mieux, c'est à ceux qui ont souffert et expié qu'est promis le salut, et encore une fois, pour notre âme fragile... le salut, c'est la foi, la divine abdication de l'esprit d'analyse en une certitude, quelle qu'elle soit.

. . . .

Combien de bonté, de charme consolateur, de charité, de fine culture, peut se dégager d'une heure de causerie avec une femme comme cette princesse Nathalie, avec qui le hasard m'a ménagé une rencontre après tant d'années d'oubli et d'absence et que je ne verrai plus jamais, sans doute, car ce milieu mondain n'est plus le mien désormais : je le sens trop étranger, trop hostile; et que lui demanderais-je d'ailleurs? que peut-il me donner? Ni consolation, ni oubli, ni plaisir d'aucune sorte.

Mais parmi tant de haines inexplicables et ineptes, parmi tant de malveillance et d'indifférence rencontrées à chaque pas dans la vie, combien une sympathie inattendue et spontanée nous paraît douce et réconciliante avec la destinée !...

Oui, il n'y a encore que cela en ce monde : la bonté ! Le reste n'est que mensonge et duperie. Et ce don inestimable et divin, si rare cependant, on le rencontre partout, dans tous les mondes et dans tous les milieux, même dans celui-ci, mais quoi qu'on dise, c'est encore dans le cœur de la femme, lorsqu'elle n'est pas un petit monstre de méchanceté ou de sottise, qu'on trouve la bonté la plus rare et la plus absolue, et lorsqu'à cette charmante générosité d'âme, à ce besoin de séduire et de consoler se joignent l'esprit, le tact, l'élégance native, toutes les séductions acquises de la vraie grande dame, la femme n'est-elle point vraiment un être d'élite, une fleur exquise de haute culture et de civilisation suprême ?

Oui, mais, pour une madame Nathalie, que de grues et de sottes dans ce monde mesquin et puéril !

. . . .

Je sors de l'hôtel de la princesse, profondément ému et troublé...

Que de fantômes renaissent à la vie, évoqués par la toute-puissance du souvenir, ressuscitant dans la brume des regrets éternels !

Cette nuit d'automne septentrional est clémente et sereine, comme une nuit d'été.

Un souffle de tiède langueur descend sur la terre du ciel infini et limpide, c'est la caresse des étoiles lointaines, et il me semble qu'une âme invisible palpite dans le brouillard d'argent qui enveloppe le monde... Je pense aux pauvres morts qui m'ont aimé et que je ne verrai plus.

LE DOUTE.

Et soudain je ressens la douleur de les avoir perdus, avec la même capacité de souffrance, avec le même affolement de désespoir qu'au premier jour.

Hélas! entre leur souvenir et notre douleur, les préoccupations de la vie peu à peu s'interposent. Leurs chères images s'effacent de jour en jour, mais aux heures de recueillement et de solitude, aux heures d'examen de conscience, lorsqu'au milieu des futilités de la vie on se prend à songer aux choses éternelles, comme les pauvres morts apparaissent vivants... ce sont eux, nous les reconnaissons, ils nous parlent d'une voix muette qui n'est plus celle d'ici-bas, et dans leurs regards éteints, car ils ont vu ce que nous ne pouvons pas voir, brille une flamme nouvelle.

Ah! nos pauvres morts, combien rares et fugitifs sont les instants que nous vous accordons, une fois le déchirement de la séparation subi et souffert; mais comme la vie vous venge, et quels remords pour ceux que vous avez laissés seuls et qui se disent : Je ne les ai pas assez aimés, les éternels absents, je les ai fait souffrir et pleurer, et je ne puis rien désormais pour réparer le mal commis par égoïsme, par indifférence ou par ingratitude !

Je pense à ma mère que j'ai adorée, qui m'a aimé comme aucun être humain ne m'aimera jamais, à ma mère qui était une sainte, qui avait toutes les vertus, tous les charmes, toutes les séductions de la femme idéale, épouse chrétienne, mère admirable, esprit supérieur et âme si candide et si douce à la fois, et dont j'ai empoisonné les dernières années, et qui est morte loin de moi, sans que j'aie pu entendre de ses lèvres glacées le pardon que j'implore.

Et tout cela, grâce à cette femme pour qui j'ai renié toutes les affections, tous les devoirs, tous les liens du passé et dont l'amour m'a obligé à tant de sacrifices et de crimes, car c'était bien un crime moral, impunissable et lâche, ce mariage qui a fait mourir de chagrin ma pauvre chère maman.

Pourquoi ai-je douté de ceux qui m'aimaient et voulaient me sauver?

Dans les supplications de ma mère, dans l'effroi que lui causait ce mariage, je n'ai voulu voir que l'entêtement et l'orgueil d'une patricienne et non pas l'intuition d'un cœur aimant et qui pressentait que cette union serait la honte et le malheur de ma vie.

Oui, là encore la foi aurait pu me

sauver, mais je n'ai jamais pu croire à rien ni à personne, ou je n'ai cru que trop tard, une fois l'irréparable accompli; et chaque fois alors, dans ma vie d'incrédule, une déception nouvelle amoncelait ses ruines...

La pauvre morte adorée seule aurait pu me réconcilier avec la vie, me faire croire et espérer en la justice du sort; si elle était vivante, elle seule, oublieuse de mon ingratitude, aurait pleuré avec moi et m'aurait consolé, comme un enfant malheureux et malade.

L'affection maternelle n'a-t-elle pas les mêmes trésors de tendresse et de pitié pour les chagrins des tout petits, que pour les douleurs des enfants lorsqu'ils ont vécu et souffert ?...

J'évoque sa chère image, je revois son sourire si bon et si fin, son regard loyal

LE DOUTE.

et tendre, sa beauté rayonnante et calme, car elle est morte encore jeune, et son souvenir gardera éternellement le charme de la jeunesse et de la beauté : un regret déchirant envahit mon âme endolorie.

Ah! chère mère adorée, vous, qui seule auriez eu pitié de moi, dans la vie impitoyable, si vous saviez combien je vous aime, comme je vous pleure, et comme le sort vous a vengée! Si vous saviez combien je suis seul en ce monde, et comme je sacrifierais avec joie ma vie, ma misérable vie terrestre, brisée et perdue à jamais, pour la certitude que nos âmes se retrouveront encore, dans une existence nouvelle au delà du tombeau. Mais cette espérance, dernier refuge de ceux qui ont perdu leurs affections les plus chères, je ne l'ai plus, hélas! rien, pas même mes remords, mon désespoir et mon amour pour votre chère mémoire, ne pourra me rendre la foi.

Ah ! si votre âme vit encore d'une vie éternelle, que nous ne pouvons concevoir, pauvres créatures enchaînées à la terre par les liens de la chair périssable ! — vous qui m'avez aimé, vous qui m'auriez pardonné — il n'y a que les mères qui nous aiment et qui pardonnent et qui oublient vraiment les insultes et la trahison ; trois fois insensé celui qui sacrifie, ainsi que je l'ai fait, cette affection sûre et sacrée pour un bonheur chimérique. — Chère mère adorée, intercédez pour moi auprès du Dieu miséricordieux et clément auquel vous avez cru toute votre vie, priez pour l'enfant malheureux et orphelin qui vous pleure toujours et dont l'âme angoissée se débat parmi tant d'hésita-

LE DOUTE.

:tions, de luttes intérieures et d'énigmes irrésolues. . . . .

. . . .

Pourquoi suis-je allé à cette fête, à cette orgie crapuleuse et brutale de viveurs pétersbourgeois? Je savais bien, pourtant, quelles piètres et ineptes sensations procure ce qu'on appelle la haute vie en général, mais surtout celle des viveurs d'ici, monotone et bruyante, sans esprit et sans grâce, sans cette fleur de poésie, d'élégance et de finesse qui poétise les débauches les plus vulgaires dans les pays de race latine. Cette manière de faire la fête, qui consiste uniquement à souper dans un cabinet, à y emmener des filles et à s'y enivrer comme des brutes, au son des éternelles chansons tziganes — et c'est encore la seule note un peu originale et gracieuse des orgies russes que ces mélodies mélancoliques dans leur banalité débitées par les bohémiens, à la fin du repas, avec leur verve, leur entrain étonnant.

Comme tout cela est loin de moi, cependant, ces longues courses en troïkas, ces chansons tziganes, cette fausse gaieté septentrionale, tout mon passé pétersbourgeois! Car j'ai vécu pendant trois ans de la vie de la jeunesse dorée d'ici, oui, tout le temps de mes années d'université.

Et, si j'ai étudié tous les mondes possibles, si j'ai cherché et connu presque toutes les sensations que peut donner la vie, si j'ai essayé de tous les genres d'existence, celle du pilier de restaurant et de mauvais lieu convient le moins à mon caractère et à mon tempérament. Je comprends plutôt la véritable existence mondaine : c'est plus propre en tous cas, moins avilissant et moins éreintant.

Mais que faire dans une ville qui nous est devenue étrangère, après de longues années d'absence, et où je n'étais venu que pour une affaire de censure concernant notre journal et réclamant à Pétersbourg même la présence du rédacteur en chef, car, depuis un an, ainsi que je l'ai déjà noté dans ce journal intime, pour combler le vide affreux de mon existence manquée, j'ai repris et même revendiqué ces fonctions qui sont une vraie corvée ; et puis, il y a dans la vie de tels moments d'écœurement, de lassitude et de tristesse, que notre volonté s'annihile et s'éteint, que, pour échapper à l'idée fixe, au remords ou au regret qui nous tue lentement, on est prêt à accepter n'importe quelle invitation inepte, à suivre n'importe quel indifférent, fût-ce dans un mauvais lieu, fût-ce dans une orgie de cabaret, pourvu qu'on ait l'espoir, toujours déçu, de trouver l'oubli dans le tumulte et l'étourdissement d'une lugubre partie de plaisir, car elles le sont toutes.

Je n'eus pas le courage de refuser l'invitation de quelques-uns de mes camarades de jeunesse, tous gens arrivés, heureux et contents de vivre, mais se payant de temps en temps encore le luxe d'une petite orgie crapuleuse, un souper monstre qui devait nous réunir dans une Arkadia quelconque.

— Tu te trouveras en pays de connaissance, me dit le grand Michel Gradischeff, le chevalier-garde, d'un air soi-disant fin et spirituel qui aurait dû me donner l'éveil ; mais comment prévoir un pareil guet-apens, une pareille perfidie de la part de braves garçons à qui je n'avais jamais fait de mal, à la sympathie indifférente desquels j'avais le droit de croire ?

Et cependant, la première femme qui entra dans le grand salon de fête du restaurant avec quelques vieilles drôlesses françaises, ce fut elle, ma bien-aimée, mon ennemie adorée, elle, Lucienne ! hélas !

Comment ne me suis-je pas précipité sur Serge dans un de ces accès de colère folle où la brute, qui sommeille en nous, se réveille ? Comment ne l'ai-je pas étranglé, tué ?... Je n'aurais eu qu'à saisir un couteau sur la table, le frapper à la gorge... Et comme il l'eût méritée, cette mort inattendue et tragique !...

Mais l'âme, en moi, fut plus forte que la chair et ses instincts farouches. Après une sorte d'éblouissement de quelques instants où je me sentais littéralement et très nettement devenir fou, je surmontai mon trouble d'un effort moral désespéré, et regardant bien en face Lucienne toute pâle et muette, elle aussi, sous le coup de l'émotion causée par cette spirituelle plaisanterie :

— Allons, ma chère Lucienne, lui dis-je, permettez-moi de vous offrir mon bras, il est temps de souper : pour une soirée, je l'espère, Serge me permettra d'être votre cavalier.

Un murmure se fit entendre :

— Il est très chic, murmura quelqu'un avec admiration.

. . . .

Depuis une heure, nous parlions avec ma voisine de choses indifférentes et quelconques, avec l'animation factice des malheureux que des circonstances imprévues obligent à jouer devant le monde la comédie d'une gaieté absente, d'une insouciance mensongère, quand, tout à coup, les chansons tziganes, éclatant dans la pièce voisine, nous firent taire tous les deux.

Dans le refrain banal de cette valse, adorable pourtant en sa vulgarité, l'âme mystérieuse de la mélodie nous effleura, sans doute, de son aile invisible, car tout le passé ressuscite à nos yeux en un éclair rapide, le passé et ses joies, ses amertumes, ses illusions détruites, ses pertes irrémédiables, et l'auréole de poésie des choses accomplies !...

Hélas ! où est le temps où, dans cette même ville de Pétersbourg, mais dans un milieu combien dissemblable de celui où le hasard nous ramène en face l'un de l'autre, Lucienne, pour la première fois de sa vie, avait voulu entendre les chansons bohémiennes ? Le picknick, organisé en notre honneur par la baronne Mimi Hallenstein, avait réussi, je m'en souviens, à merveille. Tout le high life pétersbourgeois s'y était donné rendez-vous. On riait, on s'amusait comme ce soir, la vie semblait pleine de promesses et de joie, il n'y avait que des affections durables, des cœurs dévoués et fidèles en ce monde; mais comme cette gaîté différait de celle que nous singeons aujourd'hui!

Ah! l'exquise créature qu'était cette Lucienne, tombée si bas depuis! Et quel avenir de grande dame, adulée, respectée, courtisée, reine par la beauté, l'esprit et le charme irrésistible, quel avenir elle a gâté à jamais, et pourquoi? Encore une fois, pourquoi y a-t-il des créatures prédestinées à mal mener leur vie, à faire tant de mal à soi-même et aux autres? Et que d'amertumes et d'inutiles regrets doit éveiller dans cette pauvre âme farouche et meurtrie le rythme de cette valse viennoise, langoureuse et banale, dont la roublardise locale a fait une chanson tzigane et que tous les deux, soudain, nous avons reconnue !...

Hélas ! oui, c'est le même refrain et la même chanson, mais nos cœurs ont changé, et du passé, si récent, qu'il semble dater d'hier, que reste-t-il ? A peine un souvenir...

. . . .

— Pourquoi jouez-vous cette comédie inutile et navrante ? Et soudain, sa voix, son attitude, son regard ont retrouvé la franchise, le charme du temps jadis : c'est l'ancienne Lucienne, qui me parle, de la voix que j'ai tant aimée.

— Pourquoi reniez-vous toutes vos anciennes croyances, votre indulgence, votre éclectisme, ce besoin de concilier toute chose, la réalité et le rêve, la religion et la science, ce désir d'être juste, oui, juste envers toute chose, toute idée, toute créature, vos chimères d'autrefois, ces chimères que nos ennemis peuvent railler et méconnaître tant qu'ils veulent, qu'ils respectent pourtant, qu'ils ne peuvent pas ne pas respecter ?

Pourquoi ces violences, ces négations, ces blasphèmes, cette lutte que vous avez entreprise avec l'opinion, avec les croyances de toute une nation ?

Et quelle revanche espérez-vous obtenir en reniant votre passé... en froissant tant de croyances respectables, après tout... en suscitant tant de haines ?

Ah ! si vous saviez combien je souffre à la pensée que c'est moi la coupable ! Oh ! ne mentez pas ! Vous ne cherchez dans tout cela que l'oubli du passé.

— Que vous importe ! Et mon rire, je le sens, ressemble à un sanglot : ces croyances que je traîne dans la boue ne sont pas les vôtres... Je crois qu'en toutes ces matières, l'indifférence est votre seule opinion.

Elle me regarde fixement, et puis, simplement, gravement :

— Vous vous trompez, dit-elle.

— Ah ! vous croyez, vous aussi, aux lieux communs de la religion, du patriotisme, de la morale courante ?

— Est-ce une raison parce que j'ai vécu dans l'erreur et le doute, pour nier audacieusement les vérités éternelles, ainsi que vous le faites ? Comme vous, d'ailleurs, comme chacune de nous, en cette époque de transition, où une foi nouvelle s'élabore lentement sur les ruines du passé, j'ai douté de tout, et j'ai expié par assez de malheurs et de fautes irréparables le crime de n'avoir pas conformé ma vie aux préceptes d'une orthodoxie quelle qu'elle soit. Mais, de tant d'erreurs et de tristesse, une leçon s'est dégagée pour moi, évidente, certaine, lumineuse : le respect du mystère perpétuel, qu'est notre existence et l'existence même du monde, la haine des négateurs aveugles, de ceux qui voudraient arracher à la pauvre race des hommes sa dernière espérance et son dernier appui...

Croyez-moi, mon ami, mon pauvre ami, en devenant pareil à ceux que vous haïssiez jadis, aux sectaires, aux terroristes, aux nihilistes de l'esprit, vous reniez ce qu'il y eut de meilleur, dans tout votre passé. Ah ! je vous en supplie, ne perdez pas ainsi votre bonheur et votre dignité, le respect de vous-même, redevenez l'homme que je n'ai pu aimer, mais que j'admirais malgré moi, en ce temps lointain, auquel, tout à l'heure, nous songions tous les deux...

— Que m'importe votre admiration, si je ne suis pas aimé?

Oui, certes, il y avait en moi un rêveur épris d'irréalisables chimères et à qui un révolutionnaire, professant mes idées actuelles, eût paru méprisable et inepte; mais ce rêveur est mort, les hommes, la vie, les chagrins, l'ont tué : il est mort et ne renaîtra plus.

Qu'importe la justice? Il faut appartenir à une coterie ou à une secte. J'ai choisi celle qui attaque toutes les autres, qui les outrage et les nie, celle-là a encore le plus de chance d'aboutir à une solution équitable du problème de vivre.

Pendant assez longtemps le monde a bafoué et raillé mes doutes perpétuels, ce besoin d'impartialité et de justice, cette recherche enfantine de la vérité, cet éclectisme haïssable à tous les fanatismes : eh bien ! on ne raillera plus ma faiblesse, je suis le bon exemple, je deviendrai semblable à vous tous, sincèrement ou non, peu importe. Le cœur débordant de mépris pour la malveillance, la jalousie féroce, les haines stupides, dont la vie sociale se compose, c'est parmi les négateurs de parti pris que je cherche refuge. Oui, moi qui respectais avec tant de ferveur, jadis, le mystère de la destinée et des origines, je vous le dis avec rage et avec amertume : Non, il n'y a rien, ni Dieu, ni justice, ni âme immortelle. L'homme n'est qu'une brute, jetée dans un monde mystérieux et mauvais, une brute chez qui de longs siècles d'hérédité et de culture ont élaboré ce qu'il croit être une conscience, mais que les instincts matériels dirigent et gouvernent...

— Ne dites pas cela, même en plaisantant, même par esprit de paradoxe ou de bravade, oh! ne dites pas cela, je vous en supplie : cela porte malheur...

Et soudain, nous nous taisons. Une minute d'angoissant et terrible silence. A tous mes remords, à tous mes désespoirs s'ajoute, tout à coup, l'inquiétude sourde des blasphémateurs, de ceux qui ont parlé, d'une voix sacrilège, de la suprême énigme.

« Eh bien! oui, vous avez mille fois raison, je suis fou et infâme, mais j'ai tant souffert qu'il faut me pardonner; ce Dieu mystérieux et redoutable, auquel nous croyons, malgré tant d'incertitudes et de souffrances, Dieu lui-même me prendra en pitié, au jour du jugement, j'en suis sûr... Ah! Lucienne, si vous saviez! Oui, toute croyance est sacrée, le doute lui-même : le doute, que les hommes haïssent ou dénigrent, n'est qu'une recherche désespérée de la vérité, le fait de douter implique déjà le respect de la foi ; c'est la négation brutale et méchante, qui est le mal et qui est le péché, et mon présent est une traîtrise envers mon propre passé.

Ah! certes, oui, j'ai été bien coupable, mais puisque vous avez deviné ce qu'il y a de désespoir, de souffrance et d'affolement dans cette attitude agressive et nouvelle, dans cette comédie sacrilège, que je joue inutilement, dans le seul but de cacher au monde l'immensité de ma détresse, puisque vous me parliez tout à l'heure avec la sollicitude qu'inspirent les grandes infortunes... De grâce, Lucienne, ayez pitié de moi, vous seule pouvez encore me sauver!...

Ce n'est pas là la déclaration du premier venu, l'éternelle banalité des phrases d'amour que vous entendez chaque jour, c'est la plainte suprême d'un cœur désespéré, d'une âme agonisante, à qui un mot de pitié rendrait la joie et la force de vivre... Vous savez bien que je vous aime, comme personne ne vous aimera jamais, comme aucune femme ne l'a jamais été, et que c'est la douleur de vous perdre qui me tue... Ayez pitié de moi, ainsi qu'il y a un an, je vous implore humblement, de toutes les forces de mon être, de toutes les supplications de mon esprit : prononcez-le, le mot qui me rendra l'espérance et la vie, et vous verrez, je redeviendrai l'homme que vous n'avez pu aimer, mais que vous respectiez du moins ; toute cette folie disparaîtra comme un mauvais rêve : vous avez brisé ma vie, ne perdez pas mon âme...

Ah! je ne sais plus ce que je dis, la douleur, l'angoisse, le désespoir m'affolent, Lucienne : jamais plus, sans doute, le sort cruel ne daignera nous accorder une nouvelle rencontre ; si vous me repoussez, je suis vraiment perdu ; en ce moment encore, comme au temps passé, votre petite main frissonne dans la mienne, oui, vous êtes là, devant moi, vivante, toujours belle, désirable et aimée et la passion sans espoir, toute charnelle, mais toute-puissante, dont je me sens mourir, renaît en moi, en un frisson de jeunesse. Ah! force inexprimable, à qui nul ne résiste, pouvoir terrible de la chair! Que sont les résolutions de l'esprit et les révoltes de l'âme, quand c'est toi qui commandes ? Pour te posséder une dernière fois, pour tenir dans mes bras ce corps souple et charmant, pour mordre ces lèvres, dont la ligne voluptueuse semble me défier dans un vague sourire, je renierais tout au monde, tout, tu m'entends! Dites un mot, Lucienne, et ma vie vous appartient; ma fortune, je la dissiperai pour vos caprices et vos fantaisies; mes croyances, je les trahirai pour votre bon plaisir; nous fuirons loin d'ici, une vie nouvelle commencera pour nous deux. Crois-tu que tes autres amants soient plus dignes d'être aimés? Serais-je le seul que tu repousseras toujours? Est-ce vraiment possible? C'est l'ancienne folie qui renaît, la supplication d'il y a un an que je t'adresse encore. Mais cette fois, voici l'instant suprême où se joue notre destinée à tous deux, et si tu me repousses... ah! prends garde, Lucienne! L'amant qui t'implore, ne sera pas clément comme l'époux, qui t'a sottement pardonnée! Songes-y bien, car c'est un pauvre fou, pour lequel la vie et les hommes furent impitoyables, et la clémence, à son tour, lui semble une duperie.

D'ailleurs, un autre t'aimera-t-il ainsi? un autre aura-t-il la tendresse, le respect, le dévouement de ce nouvel amant repoussé tant de fois? Lucienne, je t'en conjure, au nom de notre enfant!...

Et soudain, son front si pâle se colore d'une rougeur inusitée, comme si tout le sang de son cœur affluait au visage, et, réveil admirable du plus vivace des sentiments humains, de celui qui chez la mère la plus dénaturée ressuscite parfois, elle s'écrie d'une voix sourde, angoissée :

— L'enfant! ah! l'enfant! quel remords? Tu ne le rends pas malheureux au moins, lui? Tu ne te venges pas sur lui..., de mes fautes, à moi?

— Non, non, lui dis-je ému jusqu'au fond de l'âme, je te le jure, est-ce sa faute, à ce pauvre petit être?

— Merci, me répond-elle simplement. Et dans son regard lumineux une douceur infinie se reflète à présent, l'attendrissement des regards, où les larmes ne brillent que rarement.

— Merci et pardon. Et elle me tend la main. — Vous valez mieux que moi, merci et adieu, car, comme il y a un an, je ne puis accepter.

Et voyant que je me lève, que tout mon être se révolte contre cette désillusion, contre cette catastrophe suprême, et que je vais crier et hurler de douleur comme une bête blessée :

— De grâce, de grâce, je t'en supplie, calme-toi, que tes ennemis, que ces indifférents ne raillent pas ta douleur...

Je ne peux pas me donner à toi, me vendre, comme aux autres; non, ce serait trop infâme : mon cœur, lorsque j'y songe, défaille et agonise; tout, tout, mais pas cela; oublie-moi, dis-toi que je suis morte, efface de ton cœur mon souvenir et mon nom, cela vaudra mieux, puisque je ne puis plus t'appartenir ni comme épouse, ni comme maîtresse : jamais, jamais, tu le comprends toi-même.

Elle me parlait ainsi, et moi, du regard affamé de la brute, je regardais pour la dernière fois ces bras nus, ces épaules aux rondeurs souples et harmonieuses, sa gorge de déesse qui se penchait vers moi, comme une provocation charnelle, toute la fleur vivante de sa beauté, où revit le charme symbolique de la Circé éternelle; j'avais cependant la sensation bien nette que c'était la fin, qu'elle ne m'appartiendrait plus jamais, en effet, jamais plus.

Comment ne l'ai-je pas tuée là, devant tous?

Comment ai-je résisté à l'envie voluptueuse de la voir étendue à mes pieds, inanimée et sanglante, ne devant plus enfin appartenir à personne, ni à moi, ni aux autres?

III

Pourquoi ai-je ressenti au cœur une commotion si violente, une surprise si épouvantée? pourquoi un tel désespoir, plein de remords et d'étonnement, m'at-il envahi quand j'ai reçu ce télégramme brutal m'annonçant, en deux mots, la mort de mon fils, de notre enfant, de son enfant? Car je n'ai jamais cru à ma paternité et je ne l'ai jamais aimée, cette pauvre créature inconsciente et chétive, morte avant que les premières lueurs de l'âme naissante aient éclairé sa conscience.

Pourquoi éprouver aujourd'hui un pareil chagrin en apprenant sa mort?

Cela est ainsi cependant, et lorsque, en pénétrant dans la chambre mortuaire, j'ai aperçu le petit abandonné, immobile, silencieux pour toujours, les lèvres contractées dans un pitoyable sourire, l'air si doux, si souffreteux, si inoffensif dans sa laideur, que transfigure déjà le voile de la mort, des larmes brûlantes m'ont rempli les yeux.

Ah! la misérable et chétive enfance d'orphelin! Et quels remords me menacent quand je songe au passé!

Du moment que j'avais accepté cette paternité, n'aurais-je pas dû remplir mon devoir jusqu'au bout? N'aurais-je pas dû l'aimer, l'élever, lui pardonner, et, du fond de l'âme, lui accorder non pas seulement le morceau de pain qu'on jette dédaigneusement aux orphelins recueillis par charité, mais aussi quelques miettes de ce pain spirituel d'affection et de bonté sans lequel certaines âmes fragiles meurent d'inanition !...

Oui, qui sait ? C'est de cela peut-être qu'il est mort, le pauvre petit bâtard ? De n'être pas aimé, de n'avoir jamais connu ces caresses, cette tendresse, ces soins de tous les instants, qui nous cachent, au début de la vie, sa dureté et ses peines, de ce changement survenu soudain dans son existence, — sa mère disparaissant tout à coup, son père aussi, des mercenaires quelconques les remplaçant, — la solitude, l'abandon, l'indifférence, et ce pressentiment terrible d'un incompréhensible malheur qui terrorise les cœurs des tout petits.

Je sais bien que la blessure était trop profonde, trop récente, que l'on ne peut exiger d'un homme la clémence, la générosité d'un saint; mais n'aurais-je pas dû me révolter à l'idée de haïr un pauvre être innocent pour les fautes et la honte d'autrui, en admettant que sa mère ait commis un crime en me trahissant; car qui sait si elle n'a pas obéi, comme nous tous, aux impulsions toutes-puissantes, au fatalisme d'une destinée préétablie? Qui sait si le mot responsabilité, pour le penseur qui pénètre au delà des vaines apparences, signifie quelque chose?

Mais lui, en tous cas, celui qui vient de mourir, mon fils unique, mon héritier, — oh! ironie tragique de la vie! — lui, était bien de la race des innocents, et maintenant, hélas! il est trop tard! Je ne pourrai plus faire sourire ce visage blême d'enfant résigné, endormi désormais d'un sommeil éternel.

Je ne peux plus le dédommager de

son enfance morne et désolée si brève pourtant.

Sa nourrice me dit qu'il pleurait souvent, qu'il voulait voir l'absente ; parfois aussi il parlait de moi.

Pour lui, comme pour toute créature humaine dont les yeux éteints contemplent désormais les choses d'outre-tombe, il n'y a plus rien en ce monde, ni joie, ni vie, ni lumière ; non, pas même ces pauvres joies d'enfant qu'il m'eût été si facile de lui donner et dont son enfance fut privée : je le vois bien... hélas!

Ah! mon pauvre petit! ces brutes auraient pu du moins te rendre heureux, te gâter, te dorloter!

Je ne leur avais pas dit de te rendre malheureux, je n'aurais pas regretté quelques sous dépensés en jouets pour le petit mourant.

LE DOUTE.

Et en regardant ces misérables joujoux d'enfant pauvre ou délaissé et qu'il aimait pourtant, puisqu'il est mort en les tenant dans ses bras et que tout de même ce sont eux qui lui apportaient une vision de luxe, de poésie et de joie, la douce consolation du rêve, en contemplant ces choses, mortes elles aussi, comme l'enfant qui les aimait, et indignes de lui, véritables symboles de son abandon et de ma cruauté, je sens mon cœur se fondre d'attendrissement et d'amour.

Je tombe à genoux, je pleure, je prie pour la première fois depuis bien des années.

Hélas! je n'ai connu aucune des joies de la paternité, et voici que je trouve pour pleurer cet enfant et pour souffrir de sa mort des entrailles de père. La vie est ainsi faite : la liste des plaisirs et des bonheurs possibles est bien vite épuisée, la joie de vivre s'émousse peu à peu, mais quand il s'agit d'une douleur inconnue, notre âme découvre en soi des facultés nouvelles, toujours jeunes et vivaces.

. . . .

« Oui, certes, ce problème, essentiel entre tous, tragique et insoluble, résume tous les autres. Là est le mot de l'énigme, la source de toutes les folies, de toutes les hontes, de tous les désespoirs contemporains. C'est cette question éternelle que tout esprit humain, même le plus inculte, le plus primitif, se pose en face de la mort, de son honneur et de son mystère effroyable. C'est cette question résolue aujourd'hui par une négation audacieuse qui a engendré le doute moderne, avec toutes ses conséquences philosophiques et sociales, avec toutes les révolutions d'idées et de mœurs, qui ne sont que son œuvre.

Oui, je le dis hardiment, au risque de me faire traiter de débiteur de lieux communs, c'est le problème de l'immortalité de l'âme, qui résume tous les autres, pour presque tous les hommes, du moins, et c'est parce que la foi ancienne en notre avenir éternel a disparu, que l'âme humaine se débat aujourd'hui, parmi tant de contradictions, d'erreurs et de recherches désespérées de la vérité... Car bien plus que l'existence de Dieu, la survivance de notre moi psychique, est le postulat primordial de toute morale, de toute culture, de toute civilisation.

Oh! ne m'accuse pas d'exagération, de cléricalisme inepte et enfantin, oui, cent fois oui, le problème de la mort est, avant tout, le problème de vie, et bienheureux ceux qui vécurent aux époques de foi et d'enthousiasme mystique, lorsque l'incertitude paraissait dissipée par une parole divine...

Aujourd'hui, comme autrefois, cependant, l'esprit humain recule d'horreur devant l'anéantissement final. Parmi les vaines apparences, dont l'univers et sa vie se composent, il cherche l'immuable, l'éternel, l'Inconnaissable, ce qui ne meurt pas, ce que les philosophes appellent la chose en soi, ce dont les théologiens nous promettent la révélation soudaine et glorieuse, au lendemain de l'agonie terrestre : l'éternelle et suprême vérité...

Car ce sera l'immortel honneur des métaphysiciens anglais de ce siècle, d'avoir reconnu la parenté d'origine de la religion et de la science, antiques ennemies, qui ne sont que deux sœurs divisées par un malentendu, immémoriales protectrices du genre humain, dont la réconciliation marquera l'apogée de nos destinées.

Rappelle-toi toutes ces grandes conceptions métaphysiques, qui synthétisent toute science et toute sagesse humaines et à l'étude desquelles furent consacrées, jadis, les forces de ton esprit, les aspirations de ton âme, les espérances de ta jeunesse ?

Elles aboutissent en somme à l'opposition fondamentale du contingent et de l'absolu, du terrestre et du divin, du noumène et du phénomène, à la constatation perpétuelle de l'abîme, qui sépare le réel mensonger de l'idéal véridique ? Car la réalité, cet univers visible et immense, qui nous entoure, nous opprime, nous écrase, n'est au fond qu'une gigantesque et incompréhensible chimère, et cela, par cette raison si simple, si indéniable, que le grand Kant, le premier, formula nettement, — le monde visible, les choses concrètes n'existent qu'autant que notre pensée les détermine ; — point d'objet sans sujet, disent les pédants métaphysiques, point de vie, de réalité et d'existence sans un esprit qui les conçoive et les comprenne : dans les heures de sommeil, de léthargie, l'univers existe-t-il pour nous ?

Ainsi, au delà du monde matériel, des apparences changeantes, dont nous pouvons seulement étudier et connaître les lois temporaires, s'étend l'univers merveilleux des choses éternelles, des vérités premières, des essences immuables, paradis inaccessible, patrie vaguement pressentie, vers laquelle aspire l'âme humaine, affamée d'absolu et de vérité, domaine de l'Inconnaissable de

Spencer, des Idées pures de Platon, des noumènes de Kant, patrie de l'absolu, dès longtemps pressentie, par les génies spéculatifs de tous les temps et de toutes les races, nullement niée, d'ailleurs, même par les penseurs positivistes, dignes de ce nom, par les Auguste Comte, les Spencer et les Taine, génies modernes, qui s'arrêtent sur le seuil du monde supra-sensible, en disant : Voici l'Éden perdu, nous ne pouvons nier son existence, nous reconnaissons l'attrait tout-puissant qu'il exerce sur l'âme humaine, nous avouons seulement notre impuissance à retrouver le chemin, que la foi religieuse jadis indiquait aux croyants, et que la science, hélas ! ne retrouvera plus... Entre nous et le monde, tel qu'il est en réalité, se dressera toujours l'illusion de l'image mensongère, que nous pouvons en avoir. Entre nous et la connaissance de l'absolu — absolu identifié dans des paradoxes de génie, à ce moi humain, misérable et esclave, qui n'est en effet que la seule réalité de notre monde terrestre, mais non pas de l'immense et incompréhensible univers, — entre nous et la divination de l'Essence du monde se dressera toujours l'obstacle de notre condition misérable de pauvres êtres, périssables et chétifs, enchaînés à la matière, incapables de concevoir les Idées en elles-mêmes, et l'éternelle Maya ne déroule à nos yeux que la trame mensongère d'un rêve perpétuel...

Or, l'éthique et la philosophie chrétienne nous enseignent-elles autre chose?

Certes, non, et aussi bien que la métaphysique la plus ennemie de toute hypothèse théiste, l'admirable religion de nos pères, agonisante aujourd'hui dans l'âme de notre race, commandait aux fidèles le respect du mystère des origines : loin de nier ce monde nouménal, que les métaphysiciens recherchent au delà des explications de l'église, la philosophie de tradition chrétienne l'affirmait, elle aussi, y ajoutant encore, par la certitude d'une existence éternelle, l'espoir de pénétrer un jour le suprême mystère, de participer à la sagesse divine, d'atteindre cet absolu, vers lequel aspirent confusément les âmes, en apparence les plus indifférentes.

Mais aujourd'hui, vous le savez, la croyance salutaire en une vie supra-terrestre disparaît peu à peu : que restera-t-il bientôt aux cœurs vulgaires, aux esprits qui n'ont point le stoïcisme supérieur des intelligences philosophiques ?

Rien, que la négation pure, le scepticisme dans la mauvaise acception du mot, le découragement absolu, le désespoir sans issue, en présence des grandes crises, des grandes épreuves inévitables, certaines, dans toute existence humaine... Et c'est pourquoi le doute religieux est la source du doute esthétique et social, de toute l'anarchie intellectuelle, qui bouleverse notre époque, de la crise morale que nous subissons tous... car c'est le doute qui a voilé, d'un double mystère, l'énigme toujours redoutable et agonisante du passage incompréhensible de la vie au néant, ou à ce que nous appelons ainsi ; et, encore une fois, de l'hypothèse que nous nous faisons de cet instant suprême, dépend toute la direction de chaque vie humaine.

Avec cette conception nouvelle du grand mystère, sous le souffle duquel chaque front humain s'assombrit, tout a changé en nous et autour de nous, dans l'homme et dans la nature, la loi morale n'a plus de sanction, les instincts n'ont plus de freins, et les beautés vivantes du monde matériel, l'harmonie palpable des choses inanimées, les cieux eux-mêmes, les cieux étoilés et immenses, les espaces infinis qu'ils déroulent à nos yeux de pygmée, et dont le spectacle touchait jusqu'aux larmes notre candide et admirable Kant, les cieux qui nous apparaissaient jadis, comme la patrie lointaine, où notre âme doit revivre pour de nouveaux destins, les cieux ne sont plus que l'immensité indifférente de l'espace et du temps, l'image du néant, le symbole lumineux de la nuit éternelle.

Hélas ! où est le temps heureux où ceux qui restent avaient encore l'espoir de retrouver les chers absents, disparus pour toujours ? Cet espoir, cette certitude, vous ne la trouverez plus intacte dans aucune âme contemporaine, dans aucune, vous m'entendez! même chez celles qui se rattachent désespérément à la lettre de la foi, à l'orthodoxie religieuse, et la douleur diminuant sous certains aspects a augmenté pour l'âme : entre les vivants et les morts, l'abîme d'autrefois se creuse chaque jour plus insondable ; les larmes que nous versons sur les tombeaux des pauvres morts sont plus amères et plus désespérées que les larmes versées jadis par nos aïeux, à l'heure des suprêmes séparations : c'est bien un éternel adieu que nous disons aux morts bien-aimés, et c'est pour cela peut-être que le monde a changé.

. . . .

LE DOUTE.

J'écoute mon vieil ami défendre avec ardeur ses théories favorites, théories qui sont les miennes, qui sont aussi celles de tout esprit un peu éclairé et sincère. Et une grande tristesse, voisine d'une accalmie dans la douleur, peu à peu remplace mon désespoir. Je songe aux morts que j'ai aimés et qui m'ont laissé seul, dans cette vie mauvaise. Hélas! les reverrai-je encore, sous une forme nouvelle, sous des cieux inconnus? Ou bien tout finit-il vraiment, lorsque la chair périssable est réduite en poussière? Oui, tout est là, voilà le grand mystère, le « to be or not be » du prince de Danemark.

Quel est le songe qui les hante peut-être au fond de leur tombe, mes pauvres chers morts?

Avec quelle ardeur serai-je prêt à prier pour leur bonheur éternel, si la prière d'un malheureux pécheur tel que moi, pouvait être écoutée par la sagesse et la clémence divine? Que ne donnerais-je point pour savoir si leur âme adorable doit refleurir dans quelque paradis? Et malgré moi, je songe aux vers exquis du grand poète, qui a le mieux exprimé le désir et l'impuissance de croire, et dont le rythme mélancolique possède l'obsession des vérités exprimées en un symbole immortel :

Les étoiles au loin brillent silencieuses
. . . .
Mais en les contemplant, l'âme aujourd'hui soupire.
De ces feux qu'elle observe, elle n'attend plus rien
Et le rare songeur, qui, de loin, les admire
N'a plus les calmes nuits du pâtre chaldéen.

IV

Depuis vingt-quatre heures, l'orage gronde autour de moi : je n'ai jamais vu un fait, d'ordre tout privé, devenir ainsi un événement public, et je crois vraiment que ceci n'est possible que dans un malheureux pays comme le nôtre...

Voici d'ailleurs ce qui s'est passé :

Mes amis, mes collaborateurs, tout ce parti de positivistes, de matérialistes à outrance, dont je suis devenu, en quelque sorte, bien malgré moi d'ailleurs, le chef et le représentant officiel, m'ont suggéré l'idée de faire de l'enterrement de mon fils une manifestation de libre-pensée, et cela tout simplement en éliminant le clergé de la dernière et suprême cérémonie, en me contentant d'un enterrement civil.

Dans le premier moment, tout mon être s'est révolté contre cette idée puérile et grossière, digne de l'imagination des Homais slaves qui m'entourent, contre cette bravade jetée bêtement au Dieu miséricordieux et vengeur, au Créateur inconnu que nous vénérons sous les symboles de la religion de notre temps et de notre race.

Mais peu à peu une sorte de joie mauvaise, sacrilège, est née en moi et a remplacé mon dégoût et mes protestations écœurées... Ces prêtres, dont le despotisme intellectuel pèse sur la vie tout entière d'une société aussi primitivement religieuse que la nôtre, ce clergé qui m'a toujours persécuté, calomnié et haï, n'est-il point sacrilège lui-même? Par son orgueil, son intransigeance et sa dureté, n'a-t-il point dénaturé depuis des siècles la religion admirable du Dieu d'amour et de pardon, dont personne ne connaît et ne comprend la doctrine éternelle? Avons-nous besoin des phrases, des rites inutiles de ces Pharisiens, qui ne comprennent que la lettre de l'Évangile, sans même en soupçonner l'esprit, qui rapetissent l'idée divine jusqu'à l'identifier à une intelligence humaine, avide de vengeance et d'orgueil, jusqu'à la rendre haïssable et odieuse à toute âme vraiment pieuse et sincère...

Tout récemment encore, n'ont-ils point refusé la sépulture chrétienne à la victime du plus lâche attentat, sous prétexte que cette victime, dans sa vie terrestre, fut une pauvre pécheresse, et qui donc, si ce n'est ceux qui ont failli et souffert, qui donc a besoin de nos prières posthumes, qui donc a de plus grands droits à la pitié de l'Église maternelle ?...

Eh bien! mes amis ont raison, nous nous passerons, nous, volontairement de ses prières et de son office; je prends sur ma conscience la responsabilité de cette action, même si elle est sacrilège, et le souverain juge ne pourra en rendre responsable la pauvre petite âme innocente qui vient de quitter cette vie.

Non, non, mille fois non, la justice divine n'est point identique à la justice humaine; les innocents devant elle ne paient point pour les coupables. Si cela était, cette justice ne serait plus divine.

Certes, cette manifestation eût été d'une vulgarité révoltante en un milieu différent, car le sage doit obéir dédaigneusement aux usages du pays, où le sort l'a fait naître, même s'il les méconnaît ou les méprise; il est élémentaire avant tout de ne point se faire remarquer; mais ici, dans ce pauvre pays opprimé par tant de préjugés et de fanatismes, elle acquiert presque la hardiesse et l'importance d'une protestation de l'esprit philosophique, des conceptions purifiées et synthétiques de l'idée religieuse, contre la tyrannie de l'esprit de secte et d'odieux formalisme.

Il se peut d'ailleurs que je commette une action abominable, aussi criminelle que stupide; plus tard seulement, je pourrai juger ma conduite présente. Pour l'instant, je ne sais qu'une chose, j'ai trop souffert, mon âme déborde de douleur et d'amertume; il faut que je jette le défi de ma haine et de ma négation à quelque croyance, à quelque certitude inattaquée et placide, fût-ce encore une fois à l'opinion publique, inepte et méprisable, ennemi indigne de moi, mais que je veux pourtant vaincre, exaspérer tout au moins.

Et notre entreprise réussit au delà de nos vœux.

Le retentissement produit par cette bravade jetée à l'opinion publique prend des proportions vraiment inquiétantes.

On ne parle dans la ville entière que du père impie, qui veut donner à son enfant des funérailles païennes, sans une prière, sans une bénédiction, sans un mensonge consolateur jeté sur son cercueil avec la dernière pelletée de terre...

On me maudit, on traîne mon nom dans la boue, on me traite de blasphémateur, de bandit, de criminel exécrable.

Cet événement qui ne regarde que ma conscience en somme, dont la responsabilité ne peut pourtant pas retomber sur toute une nation, devient un crime de lèse-patriotisme, qu'il faut empêcher à tout prix.

Et vraiment, le pays tout entier a frémi, blessé dans ses fibres les plus intimes, tellement profond et sincère a survécu chez ce peuple vaincu le sentiment religieux et chrétien, lequel, chez les masses, il faut bien se le dire, ne pourra jamais se manifester autrement que par une soumission absolue aux lois et aux préceptes d'une église et d'une orthodoxie formelle et minutieuse.

J'ai reçu depuis hier, depuis que la nouvelle s'est répandue dans la ville, des centaines de lettres, dans lesquelles de bonnes âmes indiscrètes et agressives, de vieilles dévotes féroces, des parents oubliés, désireux de réclame, des fanatiques inconnus, des gens du monde avec leur sans-gêne, leur outrecuidance, leur indiscrétion inouïe ; tous me supplient de renoncer à mon projet, me menaçant de la colère divine, me rappelant mes malheurs conjugaux, m'injuriant, parfois, avec fureur, et ne faisant qu'exaspérer la rage froide qui me brûle le cœur, y ajoutant seulement un surcroît d'étonnement, dont je me croyais incapable devant la formidable sottise et l'incroyable mufflerie du genre humain...

. . . .

Et maintenant, l'agitation fébrile à chaque instant plus intense, qui affole cette petite ville névrosée et pitoyable, gagne la foule obscure : le peuple, — et quels abîmes d'incommensurable ignorance, de misère effroyable ce mot évoque, lorsqu'il s'agit d'une race jeune, comme cette race slave, dont les enfants déjà se haïssent et s'entre-dévorent!—le peuple a appris l'événement en question, qu'il comprend à sa façon, qu'il dénature naturellement, dont il a fait une histoire quelconque de sorcier et d'impie.

Et au fond de tout cela, il n'y a qu'une chose : la férocité abjecte des masses, l'instinct sanguinaire de destruction, inné en chaque créature humaine, mais qui n'ose éclater librement que chez la brute collective et impersonnelle et qui, paradoxe tragique, désespérant pour le philosophe, invoque toujours la défense d'une cause sacrée, de l'idée même de la Divinité et de la Justice, pour justifier ses pires lâchetés, ses plus vils attentats.

Hier au soir, la foule entourait ma maison, menaçante, houleuse, ignoble de férocité et de sottise, contenue cependant par la crainte de représailles immédiates : on l'a dispersée sans trop de peine; mais s'ils avaient osé écouter l'instinct secret de leurs âmes de brutes, avec quelle joie ils m'auraient écharpé, torturé, assassiné lentement, les brutes, sans même savoir pourquoi, comme ils assomment encore parfois les sorciers et les juifs, parce qu'il leur faut des victimes, parce qu'être différent, à leurs yeux, est le plus grand des crimes!

Et cependant, même dans cette brutalité abjecte que je hais par-dessus tout, n'est-ce point le respect, le besoin instinctif, l'intuition irraisonnée de cette loi morale, vivant symbole de l'absolu que je retrouve encore?

Hélas, oui! et pourquoi faut-il que l'humanité, de son souffle impur, ternisse et prostitue même ce qu'il y a en elle d'éternel et de divin?...

. . . .

Eh bien! non, ils ne me feront pas peur et je ne céderai pas.

Ah! ils veulent m'obliger à partager leur croyance, à accepter leur philosophie enfantine, leur définition du devoir et de la religion?

Eh bien! non, mille fois non!...

De quel droit osent-ils affirmer que l'avenir éternel de mon enfant dépend de l'accomplissement de ces rites religieux? Leur certitude est aussi arbitraire que ma négation; le scepticisme, l'abstention métaphysique en cet ordre d'idées serait la seule solution équitable. Mais qu'importe l'équité en ce monde? Ce que la race humaine cherche depuis des siècles, ce qu'elle cherchera toujours, c'est le mot de l'énigme, ce mot que nulle lèvre vivante ne prononcera jamais, car lui seul donnerait, à notre pauvre âme exilée et inquiète, l'apaisement rêvé. Et toutes les religions, toutes les philosophies, toutes les explications nouvelles de l'énigme du monde et de la destinée prétendent l'avoir trouvé — espoir chimérique, sans lequel pourtant nous ne pourrions pas vivre, car le doute est tellement un supplice, un état anormal, contraire à notre essence psychique, que moi-même, je n'ai pu y demeurer longtemps — et me voici hélas! arrivé à la négation grossière et inintelligente, moi qui sens battre en ma poitrine une âme si sincèrement pieuse, si désireuse de croire...

. . . .

V

« Que vous importe? Cet enfant, l'avez-vous aimé, élevé, sauvé de la mort? Et qui sait? les soins d'une mère peut-être auraient pu accomplir un miracle. Espérez-vous m'attendrir aujourd'hui par votre repentir inutile et mensonger?... Avez-vous jamais songé à ce petit être, qui est pourtant la chair de votre chair, le sang de votre sang; dans votre vie de débauche et de misère dorée, de honte et de vilenies, lui avez-vous jamais accordé l'aumône d'une pensée, d'un souvenir, d'un remords ? Non, non.

Votre fils ne vous appartient plus — après sa mort, comme de son vivant, vous avez vous-même abandonné vos droits d'épouse et de mère : comment osez-vous les revendiquer aujourd'hui ?

Ah ! misérable ! misérable !

Est-ce au nom de votre douleur ?

Mais cette douleur elle-même, je n'y crois pas — oui, souvent dans les cœurs les plus endurcis, elle fait jaillir le repentir et le remords — mais vous êtes un monstre, et devant le cercueil de votre enfant, j'en suis sûr, vous ne trouverez pas une parole d'humilité et de douleur sincère, vos yeux restent secs, votre âme indifférente.

Si vous êtes venue, si vous jouez toute cette comédie, c'est que le souci de l'opinion vous tourmente encore, pauvre prostituée, qui avez épuisé cependant la coupe du mépris ; vous voulez que votre enfant soit enterré avec toute la pompe, tous les mensonges de cette religion, à laquelle vous ne croyez pas, mais qui est encore un luxe, une élégance suprême et dont, selon vous, je n'ai pas le droit de priver les restes de l'enfant qui repose là, près de nous...

Eh bien ! encore une fois, tout cela est inutile ! Vous m'avez fait assez de mal ! A votre tour de souffrir, de pleurer, de supplier en vain, et tant mieux, si une douleur sincère vous fait comprendre, enfin, combien l'on peut souffrir : ce sera ma vengeance.

Peut-être, si un reste de superstition subsiste en vous, si vous croyez avoir perdu l'âme de votre enfant, peut-être enfin, vous sentirez-vous pour lui des entrailles de mère, car je ne céderai pas, vous m'entendez? jamais, jamais!

— Elle est là, devant moi, elle, l'adorée, la chère absente : mes mains serrent convulsivement ses pauvres mains tremblantes, mes yeux affolés de colère poursuivent son regard qui m'évite, son regard éploré de créature vaincue, son regard que, pour la première fois, depuis bien des années, obscurcissent les larmes, et je ne songe même pas à m'expliquer sa présence ici, son arrivée soudaine et si inattendue : je ne veux pas comprendre la révolution d'âme que ce fait inouï manifeste et qui m'eût touché si profondément en d'autres circonstances, si je n'étais pas, comme en cette affreuse journée, fou de rage, de douleur, de fatigue, d'énervement après tant de misères et de catastrophes. Voici enfin l'heure de la revanche, si longtemps attendue : l'ennemie, la rebelle, la récalcitrante d'autrefois est vaincue et implore ma pitié. Comment ne pas profiter de cet instant suprême, qui ne reviendra plus ? Demain, peut-être, je n'aurai pas le courage d'être cruel comme je dois l'être. Il le faut cependant; et j'ai la conviction très nette que rien ne pourra m'empêcher d'être impitoyable, qu'il faut que je la fasse souffrir, tout en souffrant moi-même, et combien atrocement! car le mal presque toujours engendre son châtiment. Mais je ne peux plus pardonner. Tout ce qu'il y a de méchant et de mauvais dans notre misérable nature humaine, tout le fonds de rancune, d'amertume, de cruauté innée, qui n'attend qu'une occasion pour éclater, bouillonne dans mon cœur : — il est trop tard, la pitié n'est qu'un mensonge comme le reste; oui, oui, voici l'heure de la revanche.

Et, en effet, lorsque je lui ai craché à la face mon mépris et ma haine, lorsque j'ai insulté en elle jusqu'à cet instinct sacré, toujours vulnérable de la maternité qui, chez les créatures les plus déchues, ne meurt jamais tout entier, j'ai vu, oui, j'ai vu, à travers la crispation désespérée de ce visage, tant aimé autrefois, l'agonie de l'âme, atteinte dans son essence même.

Et, soudain, elle tombe à mes genoux, très simplement, sans pose, sans ostentation, dans l'élan de désespoir des suppliantes qui attendent un arrêt de vie ou de mort.

— Eh bien! oui, tu as raison, je ne suis qu'une pécheresse vulgaire, une malheureuse créature qu'a toujours torturée un esprit de mal, un esprit de vengeance et de haine. J'ai porté malheur à ceux qui m'ont aimée, — j'ai

brisé ta vie; mon premier amant ruiné,
déshonoré pour moi, s'est brûlé la cervelle, comme dans un mauvais mélo-
drame; j'ai nié, j'ai bravé toutes les lois
divines et humaines; je n'ai même pas
aimé mon enfant, ou je l'ai mal et trop
peu aimé, et je n'exige et n'espère rien :
ni pitié, ni pardon. Mais aujourd'hui
je suis vaincue : la mort de cet être
chétif, qui me semblait presque étranger, soudain, a fait jaillir, de mon âme
révoltée, la source si longtemps tarie de
la pitié et de l'amour. Oui, oui, c'est
vous autres, les rêveurs; les utopistes,
que le monde dénigre, c'est vous autres
qui possédez la sagesse. Il y a dans
l'âme humaine une étincelle immortelle et divine, qui tôt ou tard éclaire
chaque vie. Moi, c'est la mort du petit,
la mort de notre fils — car il est à toi,
il est à toi, je te le jure : — est-ce que je

pourrais mentir en un pareil moment? — c'est cette fin misérable qui m'a convertie et sauvée.

Pourquoi est-ce ce dernier malheur qui m'apporte le salut et la révélation du devoir? Je ne sais pas, et que m'importe? est-ce que je raisonne en un pareil moment? Est-ce que je discerne ce qui se passe en moi? Je souffre, je désespère, j'implore ta pitié, voilà tout.

Au nom de tout le mal que je t'ai fait autrefois, au nom de ta douleur, aie pitié : je le sais, tu m'as parlé ainsi, toi aussi, et ta prière ne fut pas exaucée, mais tu ne peux pas être impitoyable, toi qui vaux mieux que moi.

— Ah! comment te persuader et comment te convaincre? Mon fils! mon pauvre enfant!

Dire qu'il a vécu et qu'il est mort comme un orphelin! sans une tendresse,

LE DOUTE.

sans une affection autour de lui! et je n'aurai même pas eu sa dernière parole, son dernier regard. Des mains étrangères, des mains mercenaires auront fermé ses yeux. Toi, tu ne pouvais l'aimer, mais moi! ah! quel remords!

Mais à tous ceux qui m'accableront au jour du jugement, tu ne peux pas joindre celui d'avoir perdu son âme : qui sait? si la religion disait vrai, si les prières des prêtres étaient nécessaires, indispensables.

Oh! je sais bien ce que tu vas répondre : ce n'est, en moi, qu'un réveil des croyances héréditaires, des superstitions de mes ancêtres; qu'en sais-tu, malheureux? Quelque chose d'éternel, de surhumain tressaille en nous, peut-être, quand ces superstitions ressuscitent.

Et puis que t'importe? Tu ne dois te

dire qu'une chose : il y a là, à tes pieds, une créature coupable, certes, ah! oui, bien coupable, mais qui a durement expié, et qui t'implore de ne pas priver un pauvre être innocent d'une sépulture chrétienne, la sépulture qu'ont obtenue tous ceux de sa race et de sa religion.

Ah! le voir enterrer comme une bête sans âme, mon fils, mon enfant, savoir que sa mort est une cause de scandale et d'impiété, qu'un peuple entier en parle avec horreur et mépris, ah! je ne peux pas! Prends garde! Je suis capable, en ce moment, de quelque irréparable folie; mais non, je ne menace point, je supplie humblement, je pleure, je m'humilie : renonce à ce projet exécrable, à cette vengeance indigne, épargne l'âme de notre enfant; son salut éternel peut-être se joue en ce moment Ne m'inflige pas cette insulte suprême, ne me torture pas ainsi : tu n'en as pas le droit. Ah! grâce, grâce, pitié!

Et, soudain, une idée sacrilège, vraiment impie celle-là, naquit en moi.

— Écoute, lui dis-je, en m'inclinant vers son visage, l'effleurant presque de mes lèvres brûlées par la fièvre : oui, il te reste un moyen d'obtenir la grâce que tu implores, un seul, m'entends-tu? rien qu'un seul!

— Et ce moyen?

— Sois à moi, exauce ta promesse, tu t'en souviens? la promesse faite là-bas, dans ce Paris lointain, où je t'ai aimée, désirée et conquise, ta promesse inaccomplie : alors seulement, pour ma maîtresse nouvelle — et je ris d'un rire fou et ignoble qui m'épouvante moi-même — je pourrai renier mes principes, braver la colère de mon parti et briser mon serment.

— Vous voulez?... vous exigez?... et vous osez me dire cela, à moi? à moi, et maintenant?... Et elle aussi, elle éclate de rire, d'un rire dont le timbre désespéré, méprisant et terrible résonnera à mon oreille, sans doute, à l'heure de mon agonie. Puis soudain elle se tait, me regarde fixement et je n'aurais jamais cru qu'un regard humain puisse contenir à la fois tant de mépris et de pitié, une lutte terrible déchire son âme déjà blessée à mort. Ah! qu'a-t-elle dû ressentir en cet affreux instant où je l'ai torturée!

Sans prononcer une parole, comme une victime, comme une prostituée, elle glisse dans mes bras, mais un élan invincible de dégoût et de révolte l'en arrache aussitôt; violemment elle se rejette en arrière :

— Non, non, je ne peux pas, dit-elle,

encore une fois. Ah! comme ce cri, qui éternellement, même dans l'autre vie, résonnera à mon oreille, comme ce cri éclaire d'une lumière intense la tragédie du passé, la genèse de notre malheur à tous deux, et, chez elle, cette impossibilité de m'aimer, qui nous a séparés dès le premier jour. Certes, oui, si elle n'a pu mentir, même à présent, c'est que, vraiment, je fus haï par elle.

Mais reprenant aussitôt sa présence d'esprit, redoutant sans doute les conséquences possibles de l'insulte nouvelle qui vient de lui échapper :

— Pas ici, pas maintenant; non, non; tu le comprends toi-même, c'est impossible, c'est trop horrible, mais ce soir même, je te le jure, je te le jure, puisque tu l'exiges, chez moi, à l'hôtel, à l'auberge où je suis descendue;

cette nuit même, viens : je t'attendrai...

. . . .

Ne me maudissez pas, en recevant cette lettre, ne vous laissez point affoler par la douleur, n'ayez point de remords surtout, ne vous dites pas : c'est moi qui l'ai tuée! Je ne pouvais plus vivre. Quelques journées, quelques années, quelques instants de plus, qu'importe! Je suis de celles qui doivent disparaître d'une fin prématurée; mon âme n'avait pas droit à la paix, au calme indifférent du déclin de la vie : je le comprends, je me soumets.

C'est toi qui, par ta cruauté, par ta passion, par le marché que tu m'imposas en un instant de folie, c'est toi qui as élaboré en moi la résolution suprême, vers laquelle depuis si longtemps tendent toutes les aspirations secrètes de mon être dévoyé et malade, mais que combattait encore l'instinct misérable de la conservation, c'est toi que je dois doublement remercier et bénir au moment de l'éternel adieu.

Oui, mourir, mourir d'une mort immédiate et volontaire, voilà la seule issue, le salut, l'expiation qui nous délivre tous.

J'ai fait trop de mal autour de moi, j'ai trop souffert moi-même...

Hélas! où est le but et le sens de la vie? Une grande tristesse, une lassitude inexprimable, remplissent tout mon être; au moment de quitter à jamais les choses d'ici-bas, lorsque les plus indifférents regrettent quelque chose, une espérance, un souvenir, je ne vois rien qui vaille la peine de vivre : pas une croyance, car je ne crois à rien, moi qui me tue, éternelle contradiction de l'âme! pour obtenir une sépulture chrétienne à mon enfant; pas une passion, car elles finissent toutes dans la poussière et le néant des choses humaines; pas une affection, car j'ai traversé la vie sans connaître le charme amer de l'amour et de l'abnégation, et je n'ai pas aimé, ni toi, ni personne, je te le jure.

Oh! ne m'accuse pas à cette heure suprême, où les mensonges humains sont si loin de mon cœur, d'idéaliser ma fin misérable, je ne suis qu'une créature vulgaire et quelconque, une femme adultère, une mère dénaturée, dont le drame de la vie n'a rien que de banal, mais je suis cependant, cela est certain, une créature d'exception, un être nuisible et malfaisant, cause de malheur et de déchéance pour tous ceux qui l'approchent : de tels êtres existent comme ces fleurs empoisonnées, dont le parfum est meurtrier.

Toute créature possède une croyance ou un amour qui justifie son existence, car la Foi et l'Amour sont les principes de vie. Mon malheur, c'est de n'avoir jamais eu dans l'âme aucune certitude et aucune tendresse. Mon âme est donc maudite, étant différente de celle des humains. Il vaut mieux qu'elle disparaisse dans l'éternel néant...

Ah! ne plus penser, ne plus souffrir, se sentir délivré du fardeau de vivre, de l'éternel ennui, de l'éternelle désespérance, de l'éternelle demande : à quoi bon ? à quoi bon tant de peines, tant de souffrances et de luttes pour en arriver là ?

Si tu savais comme mon cœur est las ! comme je me sens vieille, moi qui ai à peine vécu, oui, vieille, car il m'est impossible de trouver le sens de l'existence, le but de la vie, si longtemps, si ardemment cherchés dans une de ces chimères qui suffisent aux autres ; la foi, le devoir, la passion, le plaisir, pas une, j'en suis certaine, ne pourrait donner à mon âme trop clairvoyante une seule sensation nouvelle. J'ai cherché la joie de vivre sans la trouver nulle part, c'est qu'elle n'existe pas ; mieux vaut partir pour le lointain voyage, dont nul voyageur n'est jamais revenu.

Et si tout ne finit pas, quand notre chair est dissoute et détruite, s'il y a vraiment en nous une étincelle immortelle, que le souffle hideux de l'agonie terrestre ne peut pas éteindre, si l'âme se réveille le lendemain de la mort, sous un ciel inconnu, eh bien! j'en suis certaine, Dieu me pardonnera, Dieu ne sera pas impitoyable comme l'ont été les hommes, comme je le fus moi-même.

LE DOUTE.

Ah! j'ai tant souffert! j'ai tant souffert!

Personne ne se doute combien les méchants sont malheureux! Dieu est bon et miséricordieux, j'en suis sûre, j'espère en sa bonté; j'espère en son pardon.

Cette malheureuse est folle, sa lettre est insensée, te diras-tu sans doute... Pour obtenir la sépulture chrétienne, elle veut commettre l'irrémissible péché, qui en prive les chrétiens d'après les lois de l'Église... C'est ainsi, cependant: tout en nous n'est-il pas mystère et contradictions?

Je ne peux pas croire à ce que les prêtres enseignent, je veux pourtant, quand je serai morte, que quelqu'un prie pour moi, et j'ai trop peur que tu ne réalises ta menace.

D'ailleurs, c'est de l'enfant seul qu'il

s'agit; que mon âme soit réprouvée et maudite pour l'éternité, pourvu que la sienne soit sauvée! Je n'ai pas su vivre pour mon fils, je saurai mourir pour lui.

Oui, je ne puis risquer ainsi l'avenir éternel de la créature à qui j'avais donné la vie : je suis sa mère, j'ai charge d'âme.

Et toi, hélas ! comme tous les êtres faibles, tu serais impitoyable, je le sens bien, tu ne céderais pas, tandis que moi morte, j'en suis sûre, tu redeviendras toi-même, ton cœur s'apaisera, tu garderas de la pauvre coupable, que tu as tant aimée et qui s'est fait justice elle-même, un souvenir attendri; tu te diras : elle était jeune encore et elle a tout sacrifié, même la douceur de vivre, et les dédommagements qu'elle peut toujours promettre à une idée impersonnelle, à un acte de foi, à une impulsion spontanée de l'âme, et tu rempliras ma dernière prière, car ce qu'on refuse aux vivants, on l'accorde aux pauvres morts : leur désobéir est un péché affreux et qui porte malheur, sache-le, songes-y bien si l'affreuse pensée de persister dans ton sacrilège renaît après ma mort.

Mais non, c'est impossible! Tu ne peux pas rejeter avec mépris la supplication suprême de celle qui a été le grand amour de toute ta vie et dont l'âme sanglote tout entière dans ce dernier aveu.
D'ailleurs, triste consolation, hélas! et ne pense pas que je veuille railler ta douleur, qui sera atroce, tu verras plus tard dans ma mort volontaire l'affirmation éclatante de cette loi morale que, toi aussi, tu as cherchée en vain, dont tu as douté, dont tu doutes encore peut-être, et dont je sens si bien, moi, maintenant, l'évidence vengeresse, la toute-puissante réalité.

Car aucune hypothèse matérielle ne saurait expliquer l'idée du devoir, faux ou vrai, peu importe, apparaissant tout à coup dans une vie humaine, et y terrassant les passions, les appétits, les instincts, tout le fond obscur de l'être, jusqu'au cri de la chair elle-même, de la chair haïssable et maudite. Et ne me parle pas d'habitude acquise, de résultats d'une lente éducation et d'une longue hérédité; vos explications puériles n'élucident pas le problème, ne jettent aucune lumière sur ce fait prodigieux : la toute-puissance d'une idée, d'une croyance, de quelque chose d'immatériel, d'une chimère, pour laquelle pourtant tous les biens de ce monde, même la joie de vivre, sont sacrifiés et à jamais perdus.

C'est devant cette loi mystérieuse que je m'incline terrassée et vaincue;

miracle perpétuel! parmi tous les êtres vivants, seule, la créature humaine est capable d'un sacrifice volontaire, et du plus déchirant de tous. Là sans doute est le suprême mystère, la dignité suprême, elle aussi, et le seul refuge de nos âmes blessées, la seule garantie indéniable de notre avenir éternel!...

Et pourtant, qui sait? si tout cela n'était qu'illusions et chimères, si je n'étais qu'une pauvre folle, renonçant au bien suprême et inappréciable entre tous, à la vie sans que rien justifiât son inutile folie; si le doute, ici encore, apparaissait?...

Mais non, c'est impossible! car il faut que je meure, car toutes les voix secrètes de mon âme et de ma conscience me le crient sans pitié, car je mourrai.

Autour de moi, cependant, la nature éternelle me parle de résurrection et de vie... Une dernière fois, par la croisée ouverte de la chambre d'auberge où je t'écris un éternel adieu, j'aperçois les allées touffues, pleines d'ombre et de mystère, de ce jardin de Saxe, seule beauté vivante d'une ville appauvrie — où il y a des années, à notre retour de France, aux premiers jours de notre mariage, pendant quelques semaines passées ici, chaque matin, nous marchions lentement sous l'ombre protectrice des vieux tilleuls : ah ! comme tout cela est loin ! Les souffles purs de cette soirée d'avril m'apportent encore la caresse du printemps ; comme cette douce lumière du jour agonisant est plaisante à mon cœur ! Une tiédeur discrète enveloppe les jeunes fleurs et les pousses si frêles, sur la floraison adolescente du renouveau éclate l'adorable clarté de cette fin de jour ; dans le ciel infini et limpide triomphe la lumière, et malgré moi je ressens, comme toute créature vivante, le charme indicible de cette nature indifférente et si belle dans sa fraîcheur et sa grâce sans cesse renaissantes; la clémence des choses, à peine entrevue dans le sourire d'une matinée d'automne ou d'une soirée d'été la grâce muette du monde inanimé suffit à nous remplir l'âme d'une langueur attendrie, à faire renaître en nous l'illusion du bonheur.

Mais non, dans une heure le crépuscule éteindra tout cela : la nature est cruelle autant qu'indifférente. Pour quelques instants d'un charme pénétrant et rare, pour quelques oasis de beauté et de repos, que de spectacles répugnants et hideux elle étale à nos yeux sans trêve et sans pudeur! Ni pour elle, ni pour toute autre chimère, dont me parlerait l'instinct de conservation, il ne faut endurer le supplice de vivre.

D'ailleurs, ai-je vécu? Ai-je aimé et souffert? Le passé m'apparaît comme un rêve lointain... les brumes d'outretombe déjà me voilent la réalité. Si cette nature immense, pleine de vie, de lumière et de bruit, n'était elle-même qu'un mirage décevant, une illusion qui naît et agonise avec chaque âme humaine... le doute apparaît-il aussi devant le silence éternel de la mort? Je sais pourtant qu'il faut mourir, mourir aujourd'hui même, une voix mystérieuse me le dit, un instinct plus fort que la mort et la terreur qu'elle inspire, plus fort que la vie et l'attrait qu'elle garde malgré tout, plus fort que mes doutes et que mon scepticisme.

Adieu, mon pauvre ami, adieu ou

au revoir dans un monde meilleur!

Pardonne-moi de n'avoir pu t'aimer, pardonne-moi la douleur si dure que je dois t'infliger encore une fois; mais cette douleur, du moins, sera la dernière. Après ma mort, j'en suis sûre, ton cœur s'apaisera; peut-être même aimeras-tu ailleurs une femme plus heureuse et plus digne de toi.

Mais non, je n'ose pas l'espérer : je sais que tu es de ceux qui n'aiment qu'une fois. Et je voudrais trouver, en ce dernier instant, les paroles si tendres, si humbles et si douces à la fois, que les mourants seuls prononcent et qu'ils lèguent à ceux qui les pleurent, comme un héritage précieux survivant à la mort. Mais je n'ai jamais su mentir... Je voudrais du moins te dire combien il y a en moi d'admiration, de respect, de reconnaissance infinie envers celui qui m'a tant aimée, et combien de pitié!... Mais que t'importe?

Adieu, oublie-moi, j'implore ton pardon et ma grâce : remplis donc ma prière, et que ma mort ne soit pas inutile. Je voudrais qu'on nous enterre le même jour, mon enfant et moi, et très chrétiennement. Celle qui a tout nié durant sa vie a besoin, plus que personne, de prières autour de son tombeau, et ceux qui prieront pour l'enfant daigneront bien accorder une pensée attendrie à la mère qui est morte pour lui. Dans la mort, du moins, nous serons réunis...

. . . .

Et maintenant tout est fini, ma vie est terminée, je n'ai plus rien à attendre, ni même à demander à l'avenir : elle est morte, et avec elle la joie et la force de vivre m'ont abandonné pour toujours.

Mais je ne me tuerai point, je l'ai juré. Je ne veux point que mon suicide serve de prétexte à des bavardages ineptes de mondains et à des mensonges de reporters. Je mourrai discrètement, sans même solliciter la pitié superflue des indifférents; d'ailleurs, je le sens bien, je n'ai plus à traîner longtemps mon existence inutile, brisée à jamais par le désespoir de pertes irréparables, car j'ai tout perdu, hélas! Tous ceux que j'ai aimés sont morts, et je suis seul, en ce monde, seul, comme aucun être humain ne l'a jamais été peut-être.

Mais non, je ne me plaindrai pas, je l'ai juré aussi. Les grands désastres de l'âme, les infortunes irrémédiables sont silencieuses : d'ailleurs, quelles paroles pourraient exprimer une douleur semblable à la mienne? Et si j'y parvenais même, à quoi bon?

Désormais, toutes les vanités de ce monde, même l'orgueil de l'homme de lettres, la plus tenace de toutes, me semblent si lointaines et si indifférentes !

Hélas ! que de douleurs vécues, d'espérances détruites, de passions éteintes, de peines d'amour perdues !

Avoir tant souffert, tant aimé, tant lutté, pour en arriver là ! A quoi bon vivre, puisqu'elle est morte ? A quoi bon marcher dans la vie vers un but quelconque, puisqu'elle ne saura pas que je l'aurai atteint ? Et comment admirer les beautés palpables du monde matériel, les fleurs, la lumière et les parfums du renouveau qui rayonne autour de moi, sur les visages transfigurés par l'approche du printemps et le charme indicible de la pensée et de l'âme, de l'art, de la science, de la bonté, de tout ce qui est la gloire et le sourire et le bonheur de vivre, puisqu'elle, l'éternelle absente, ne peut plus rien connaître des joies et des peines d'ici-bas?

Hélas! comment ne pas haïr la vie, puisqu'une pareille injustice a pu s'accomplir, et que la vie continue, indifférente, impassible, souriante parfois, dédaigneuse de nos deuils éternels?

Comment vivre? Aussi, vraiment, je n'en ai plus la force : quelque chose s'est rompu là, dans ma poitrine. Les médecins m'envoient dans le Midi : ils prennent des airs graves de pédants imbéciles, ils hochent la tête en se parlant à voix basse. Ah! s'ils pouvaient me dire que je suis condamné, que je n'ai plus qu'une année, quelques mois à vivre! Ah! la fin lente, paisible du poitrinaire, qui s'éteint doucement sur une plage méridionale, dans le bain de lumière ironique du soleil clément, quelque part, à Hyères ou à Menton quelconque, l'anéantissement, le sommeil sans fin, la chute insensible dans le repos éternel !...

Cependant, ce journal qui n'est que la confession d'une âme et où les faits concrets n'ont qu'une importance minime, où je ne les note d'ailleurs qu'autant qu'ils furent évocateurs d'états d'âme significatifs, — ce journal où ma main tremblante trace mes dernières lignes d'écrivain, ce journal que je ne relirai plus, serait incomplet si je n'y contais pas, même brièvement — car ces souvenirs sont trop cruels et me tuent — l'instant suprême de la séparation. A ce roman, synthèse de ma vie, il manque un chapitre, le dernier ! Ayons le courage d'en finir, tant bien que mal, d'en retracer l'horreur; après, il n'y aura plus rien, même plus rien à dire : il sera temps enfin de songer au repos.

. . . .

« Pourquoi n'ai-je pas su pardonner, pourquoi n'ai-je pas trouvé les paroles de miséricorde et d'oubli, de réconciliation et de paix, le mot qui eût tout effacé ?...

Si j'avais su, si j'avais pu savoir, n'aurais-je pas consenti à tout ? N'aurais-tu pas obtenu cette grâce que tu avais cent fois le droit de réclamer sans la payer de ta vie ?...

Mes principes, mes convictions de libre-penseur, est-ce que tout cela existe ? Mensonges et turpitudes, auxquels je ne crois pas moi-même ! Comédie inutile et stupide !

Ah ! la vérité, la vérité affreuse, c'est que tu vas mourir, et mourir grâce à moi...

De toutes les chimères humaines, celle de la vengeance est la plus désastreuse et la plus criminelle!

Qu'importent ma honte, ma souffrance, mon abaissement de pauvre être ridicule et trompé? Qu'importe la trahison d'une créature inconsciente et maladive, poussée au vice et à la déchéance par les mille instincts obscurs qui commandent à notre volonté, qui nous dirigent malgré nous vers un but inconnu? — Hélas! en face de l'éternité et de la mort, comme c'est peu de chose!

Mais te voir souffrir et mourir lentement, toi si belle, si adorée et si digne de vivre, — voilà le crime abominable qui crie vengeance au ciel!

Grâce, pitié, entends-moi, réponds-moi; qu'exiges-tu? Parle : ta volonté, quelle qu'elle soit, sera réalisée, mais promets-moi de vivre, je t'aime, ne meurs pas ! »

Et pendant que je sanglote au chevet de Lucienne les supplications désespérées, incohérentes et banales, que l'on adresse aux mourants, à ceux qui n'ont plus que peu de paroles à entendre en ce monde, et à qui l'on voudrait avouer, au moment de l'éternel adieu, tout ce qui remplit notre âme, tout ce que la vie cruelle, indifférente et trop courte ne nous a pas laissé le temps de dire, pendant qu'autour de moi les médecins et les gardes-malades parlent à voix basse des détails de ce suicide, espérant peut-être, les insensés ! amoindrir ma douleur, — comme si j'avais besoin de savoir comment l'épouvantable catastrophe avait pu s'accomplir ! — la bien-aimée, la mourante, hélas ! semblait regarder fixement quelque spectacle inconnu que les regards terrestres ne peuvent apercevoir.

Depuis deux heures le délire s'était emparé de cet esprit obscurci déjà par l'approche de la paix infinie. Elle n'entendait et ne comprenait plus rien, affirmait-on autour de moi, et cependant même dans la sueur de l'agonie, elle restait encore l'enchanteresse d'autrefois : la mort, en l'effleurant, l'avait rendue plus belle.

Mais vers la fin, j'en suis sûr, lorsqu'elle se dressa sur son chevet, dans le dernier soubresaut de la créature, à qui la vie échappe et qui, instinctivement, cherche un appui, quand du fardeau de son corps déjà glacé elle s'appuya sur mon épaule, Lucienne m'a reconnu, ses yeux agonisants s'arrêtèrent sur moi dans un dernier regard plein d'immense pitié, et une voix dont je ne connaissais point le timbre lointain et mystérieux, mais qui sortait pourtant de ses lèvres glacées, me murmura tout bas ce seul mot : Pardon !

. . . .

Comme tout événement isolé, cette crise de folie ou de suprême raison qui se termina par son suicide, à elle, ma bien-aimée — toute notre histoire d'ailleurs, — le drame de ma vie prouve-t-il quelque chose ?

Non, certes. Et les conclusions philosophiques qui s'imposent à mon âme blessée du récit même des faits, dont se compose ce journal intime, cette confession d'une vie n'éveillerait sans doute — si, par quelque miracle, elle trouvait des lecteurs — qu'une pitié sceptique...

LIBRAIRIE PAUL OLLENDORFF
28 bis, Rue de Richelieu, Paris

Collection grand in-18 à 3 fr. 50 le volume.

ALLAIS (Alphonse). — A se tordre.
ALLARD (Léon). — Les Vies muettes. (*Ouvr. couronné par l'Acad. française*).
BERGERAT (Emile). — Le Faublas malgré lui. — Le Viol. — Le Petit Moreau.
BONNIÈRES (Robert de). — Mémoires d'Aujourd'hui. (1re, 2e et 3e séries). — Les Monach. — Jeanne Avril. — Le Baiser de Maïna. — Le petit Margemont.
CAHU (Théodore). — Chez les Allemands. — Petits Potins militaires. — Pardonnée?
CAPUS (Alfred). — Qui perd gagne. — Faux Départ.
CARETTE (Mme A.). — Souvenirs intimes de la Cour des Tuileries. (1re et 2e séries).
CAROL (Jean). — L'Honneur est sauf. (*Ouvr. couronné par l'Académie française*)
CATULLE MENDES. — Les Boudoirs de Verre. — Pour les Belles Personnes. — L'Envers des Feuilles. — La Princesse nue.
CHAMPSAUR (Fél.). — Dinah Samuel.
CLAVEAU (A.). — Contre le flot. (*Ouvr. couronné par l'Académie française.*)
DARIMON (Alfred). — L'Agonie de l'Empire.
DELPIT (Albert). — Le Fils de Coralie. — Le Mariage d'Odette. — La Marquise. — Le Père de Martial. — Les Amours cruelles. — Solange de Croix-Saint-Luc. — Mlle de Bressier. — Thérésine. — Disparu. — Passionnément. — Comme dans la Vie. — Toutes les deux.
DURUY (George). — Fin de Rêve.
GANDILLOT (Léon). — Les Filles de Jean-de-Nivelle. — De Fil en Aiguille. — Bonheur à quatre.
GAULOT (Paul). — Mlle de Poncin. — Le Mariage de Jules Lavernat. — L'Illustre Casaubon. — Un Complot sous la Terreur. (*Ouvrage couronné par l'Académie française*). — La Vérité sur l'expédition du Mexique. (*Ouvrage couronné par l'Académie française*).
GOUDEAU (Emile). — Le Froc.
GUINON (Albert). — La Rupture de Jean.
HERISSON (Cte d'). — Journal d'un Officier d'ordonnance. — Journal d'un Interprète en Chine. — Le Cabinet noir. — La Légende de Metz. — Autour d'une Révolution. — Nouveau Journal d'un Officier d'ordonnance. — Journal de la Campagne d'Italie. — Un Drame royal. — Le Prince Impérial. — La Chasse à l'Homme. — Les Responsabilités de l'Année terrible.
KERATRY (Comte E. de). — A Travers le Passé.

LAUNAY (de). — Les Demoiselles Sévellec. — Discipline. (*Ouvrage couronné par l'Académie française.*)
LOCKROY (Ed.). — Ahmed le Boucher.
MAIZEROY (René). — Bébé Million. — La Belle.
MAUPASSANT (Guy de). — Les Sœurs Rondoli. — Monsieur Parent. — Le Horla. — Pierre et Jean. — Clair de Lune. — La Main gauche. — Fort comme la mort. — La Vie errante. — Notre Cœur. — La Maison Tellier.
MIRBEAU (Octave). — Le Calvaire. — L'Abbé Jules.
MONIN (Doct. E.). — Misères nerveuses.
MONTJOYEUX. — Les Femmes de Paris.
OHNET (Georges). — Serge Panine. — (*Ouvrage couronné par l'Académie française*). Le Maître de Forges. — La comtesse Sarah. — Lise Fleuron. — La Grande Marnière. — Les Dames de Croix-Mort. — Noir et Rose. — Volonté. — Le Docteur Rameau. — Dernier Amour. — L'Ame de Pierre. — Dette de Haine.
PENE (Henry de). — Trop Belle. (*Ouvrage couronné par l'Académie française.*) — Néo Michon. — Demi-Crimes.
PERRET (Paul). — Sœur Sainte-Agnès. — Les Filles Mauvoisin.
PERRIN (Jules). — Le Canon.
RAMEAU (Jean). — Fantasmagories. — Le Satyre. — Possédée d'amour. — Simple.
RZEWUSKI (Cte St.). — Alfrédine.
SARCEY. — Le Mot et la Chose. — Souvenirs de Jeunesse.
SCHWOB (Marcel). — Cœur double.
SILVESTRE (Armand). — Les Farces de mon ami Jacques. — Les Malheurs du Commandant Laripète. — Les Veillées de Saint-Pantaléon.
THEURIET (André). — La Maison des Deux Barbeaux. — Les Mauvais Ménages. — Sauvageonne. — Michel Verneuil. — Eusèbe Lombard. — Au Paradis des Enfants.
TREZENIK (Léo). — Confession d'un Fou.
UCHARD (Mario). — Mon Oncle Barbassou. — Joconde Berthier. — Mademoiselle Blaisot. — Inès Jacker. — La Buveuse de Perles. — L'Etoile de Jean.
VALLADY (Mat.). — Filles d'Allemagne. — France et Allemagne : les Deux Races.
VAUDÈRE (J. de la). — Mortelle étreinte.
VILLEHERVÉ (Robert de la) et MILLET (George). — La Princesse pâle.

Paris. — Typ. Chamerot et Renouard, 19, rue des Saints-Pères. — 27640.

www.ingramcontent.com/pod-product-compliance
Lightning Source LLC
Chambersburg PA
CBHW060417170426
43199CB00013B/2183